TRANS GENDER FEMINISM

トランスジェンダー・フェミニズム　田中 玲

TANAKA RAY

インパクト出版会

道を歩く時、あなたは通りすがりの人をどんな目で見ているのだろう? 肌の色? 性別? 年齢? 階層? 洋服の趣味? セクシュアリティ? ……人の中にはいろんな区切りがある。そして、それがその人の評価につながっていはしないだろうか? 中でも、性別について考えてみよう。例えば、ある人について「その人どんな人だった?」と誰かに尋ねられたら、「三〇代位の女の人で……」と、まずは性別で判断する人が多いのではないだろうか?

この社会でトランスジェンダーと言われる人は多い。性同一性障害を持つ人は、日本では男性三万人に一人、女性一〇万人に一人の割合と言われており、二二〇〇人から七〇〇〇〇人程度と推定されている（南野知恵子監修『〔解説〕性同一性障害性別取扱特例法』、日本加除出版より）。だとすると、埼玉医科大や岡山大などの正規の診療ルートをとらない人を含むトランスジェンダーはもっと多いだろう。「心の性」と「身体の性」が間違って生まれてきてしまった「性同一性障害」は知っているけど、「トランスジェンダー」とはどんな人のこと？　そう考える人は多いに違いない。

トランスジェンダーとは、自分の意思で自分の性別を決める「性別越境者」だと言える。異性装をする人から性器の手術をする人まで人それぞれいろんなスタイルがあるので、枠組みは本当は要らないものだろう。しかし、あえて言うとすると性別を越境する人、という言葉しか使えない。それは完全に女から男に、男から女に、というベクトルに綺麗にはまるとは限らない。そしてもちろん性愛の対象も、女だったら男に、男だったら女に向かうとは限らない。

私のこれまでの人生の中で最も大きかったのはＭＴＦレズビアン・フェミニストの麻姑仙女さんと、ＭＴＦＴＸゲイのＫＥＮＮさんとの出会いだった。二人はどちらも世間の「性同一性障害」概念とはかけ離れた存在だ。

麻姑仙女さんは私が生まれて初めて会ったトランスジェンダーだったが、彼女の政治的立場には感銘を受けた。レズビアンとバイセクシュアル女性のためのミニコミ『LABRYS』でレギュラー執筆、京都のエイズNGO「AIDS Poster Project」の活動に関わり、レズビアンとバイセクシュアル女性のための商業誌『フリーネ』『ANISE』で連載を担当、レズビアンとトランスセクシュアルのための電話相談開設、「セックスワークの非犯罪化を要求するグループUNIDOS」の発足に参加するなど運動のリーダーとして素晴らしい業績を残していっている。トランスするMTFはみんな男性を好きになるんだろうと漠然と思っていた私にとって、「MTFでレズビアンというのがありなんだ!」というのは本当に大きな発見だった。

KENNさんは、ゲイとトランスジェンダーのグループの代表を務めながら、ゲイ・コミュニティとトランスジェンダー・コミュニティの橋渡しをしていた。KENNさんには本当は女性にトランスしたいという願望がありながら、性嗜好はゲイの男性なので、二四時間男装をしてゲイ・コミュニティにいるという人だった。私が監督としてビデオ作品『♀?・♂?・⚨?・』を作った時も、インターセックスのハッシーさん、FTMトランスセクシュアルのアキラさんと続いてインタビューに答えてくれて、全体を締める素敵なコメントを残してくれた。

私の今も、おそらく彼女たちの影響下にある。これから何が残せるか、それは分からないが、私が上梓したこの「トランスジェンダー・フェミニズム」を彼女たちに捧げたい。

トランスジェンダー・フェミニズム◎目次

第1章◎なぜトランスジェンダー・フェミニズムか

「女」というカテゴリー

私の中のぬぐいがたい性別違和感。それへの問いがすべての始まりだった。

私は女性の身体を持って生まれ、女の子として育てられ、また、確かに法律上でも女性には違いなかったのだが、物心つく頃には、すでに性別違和を感じていた。私には年長の男きょうだいがいなかったにも関わらず、幼稚園にあがる前は、「ボク」という一人称を使っていて、両親もそれをとがめはしなかった。私は、自分のことを素朴に「男の子」なのだと思っていた。いや、もっと正確に言えば、「女の子ではない」と信じていた。

けれど、厳格なカソリックの私立幼稚園に入園した私は、いきなり、漠然とであるにせよそれまで持っていたジェンダー・アイデンティティ★の危機に直面することになる。男女別の制服があったその幼稚園で私は毎日スカートをはかされ、性別分けされる経験を続けたことで、一人称そのものが使えなくなってしまったのだ。けれど、幸か不幸か、日本語は、一人称が基本的に性別に色分けされている代わりに、それらを使わなくても表現が成立する構造になっている。私は、私自身の気持ちや違和感を別にすれば、自分が社会的には「女の子」枠に分けられていることだけは理解したので、作文などの一人称を必要とする表現では便宜上、「わたし」を使うことにし、発語する時には一人称を回避することで自分を守ろうとした。そしてやがて、公の場所では性別を問わず「私」という人称が使われていることを「発見」することになる。そこで、さっそく、自分を表す人称として「私」を採用することにした。つまり、それ以来私が使っている一人称「私」は、性別を規定せず、私という個人を示す記号なのだということになる。この一人称をめぐる物語こそが、いわば私の性別をめぐる起点となっている。

★ジェンダー・アイデンティティ *gender identity* 性自認。アイデンティティとは「自分は〜である」という自己認識のことである。当然「自分は人間である」「自分は日本人である」「自分は女・男である」「自分はレズビアンである」「自分はフリーターである」など、一人の人間はたくさんのアイデンティティを持っている。内面だけに留めているアイデンティティもあれば、外向けに政治的な立場として表現するアイデンティティもある。ジェンダーは心理的、社会的な「性別役割」を指す用語であり、ジェンダー・アイデンティティとは、自らの性について、他者による規定ではなく、自らが認識する／している性のありようをいう。

このようなストーリーは、トランスジェンダー★たちの間では、さほど珍しいものではない。社会的性別《ジェンダー》・身体的性別《セックス》と性自認《ジェンダー・アイデンティティ》のズレが、日本語の文脈の中で一人称の使用を困難にさせるのだ。けれど、多くのトランスジェンダーの場合、そのズレは、女／男軸できれいに分かれることが多い。トランスジェンダーを表す代表的なカテゴリー、FTMTG★、MTFTG★という言葉が端的に示すように。

トランスジェンダーとは、「性別越境者」と訳される。これは大きな枠組みで、大雑把にはトランスジェンダーはトランスヴェスタイト（異性装者）、トランスジェンダー、トランスセクシュアル（性転換者）に分けられる。トランスヴェスタイトは異性の装いをするだけで満足な人、トランスセクシュアルは異性のホルモンを使い性器まで異性の性器に近似させたい人、トランスジェンダーはそのグラデーションの中に幅広くあり、狭い意味で言うと、性器までは変える必要を感じないが、異性としてフルタイムで生活する人ということになる。

しかし、私には自分の性自認を女／男のどちらかにはっきりと据えることができなかったし、今でもそうだ。私とフェミニズムが出会ったのは、このように、多分に私のジェンダー・アイデンティティがずっと揺れ続けていたためだ、と振り返ってみて思う。そして、付け加えれば、同じ理由で、セックスか、ジェンダーか、何を基盤として自分のセクシュアル・オリエンテーション★を言い表せばいいのか分からなかったためだとも。

　私の中では、私のセクシュアリティ――身体的性別、性自認、性役割、性指向――は、身体的性別＝「女」、性自認＝「女」、性役割＝「女」、性指向＝「男」という

★トランスジェンダー（TG）　*transgender*　性別越境者。生まれた時に与えられたジェンダーと違うジェンダーのあり方で生活することを選んでいる人。広くは異性装のトランスヴェスタイト（TV *transvestite*）、性器違和のあるトランスセクシュアル（TS *transsexual*）も含まれる。トランスジェンダーの中には、ホルモン投与や手術をしない人（ノンホル・ノンオペ）から、ホルモン注射を打ったり、FTMなら乳房除去、MTFなら豊胸手術、または生殖器除去までする人もいる。

★FTMTG　*female to male transgender*　＝エフ・ティー・エム・トランスジェンダー　生物学的女性（F）と定義され、男性（M）として生きる道を選んだトランスジェンダー（TG）。

★MTFTG　*male to female transgender*　＝エム・ティー・エフ・トランスジェンダー　生物学的男性（M）と定義され、女性（F）として生きる道を選んだトランスジェンダー（TG）。

★セクシュアル・オリエンテーション　*sexual orientation*　性指向。レズビアン、ゲイ、バイセクシュアル、ポリセクシュアル、パンセクシュアル、ヘテロセクシュアルといった性別二元論の下に言う性的指向と理解されることが多い。しかし、例えばゲイであれば、ガチムチ専、デブ専、リーマン専、ジャニーズ専などと分かれることから、性的嗜好という言い方もある。誰専という本当に誰でも構わないという人もいるにはいるが、例え「男」が好きであっても、ほとんどの人にとっては、全ての「男」がいいわけではないのである。

ような「ヘテロセクシュアル★女性」を表すような一貫性を持ったことが一度もなかった。また、多くのＦＴＭＴＧたちのように、自分を間違った身体を持って生まれてきた「男性」と確信することもできなかった。だからこそ、私は、自分自身が生活している時代と場所の中で、社会的・政治的に「女性」と位置付けられていることと、同じく「女性」とされる人ともセックスや恋愛をすることで「レズビアン★」とみなされること、という地点から模索を始めてみようと考えた。それと共に、自分の性別違和感と向き合って、自分が社会化される中で何を内面化してきたのか、できる限り腑分けをしようと試みてきた。

私が社会的・政治的にどのような場所に置かれているのか、それを指し示してくれたのは、フェミニズムだ。「私は本当は何者であるのか」という認識論の罠に陥ることなく、また、自分自身のあり方をただ肯定し正当化するのでもなく、どのような権力構造が私の内と外にはりめぐらされているのかを教えてくれたのは、「女性たち」であり、私と同じように性別が女／男のふたつに分けられることに疑問や違和感を持つ人々だった。

けれど、現実の生活の中では、理論的に自分と立場が近いフェミニストとの間でさえ、相変わらず、私はとまどってしまうことが多い。私の外見はほとんどの場合、「女性」とみなされる。また、私が使う一人称である「私」は多くの場合、女性の使う一人称だと解釈される。そのため、私は「女性」とカテゴライズされるが、そこで性別違和感を表明すれば、「トランスジェンダー」だと分類されることになる。女、男の二項目に付け加えられた「第三の性」として。しかし、私は、そんな新たな位置付けが欲しいのではない。さまざまな問題やひとときちんと向き合おうとすればするほど、私は、ひとから私が「女性」とみなされることと私が「女性」の性自認を持ってはいないということの間に横たわる距離について説明しなければならなくなる。それは、相手に私自身のことを理解してほしいからというよりも、むしろ、「女」という社会的・政治的基盤がどのように構築されているかということを、日常の実践の中で意識化してほしいからに他ならない。

★ヘテロセクシュアル　*heterosexual*　異性愛者。トランスジェンダーで、トランス後の性別とは別の性別の人を性的対象とする人も含まれる。

★レズビアン　*lesbian*　女性同性愛者。元々の女性だけでなく、男性に生まれて現在女性として生活しているＭＴＦで、女性が性的に好きな人も含まれる。

日本のフェミニズムの中でも、今や「女たち」の内にあるさまざまな差異について、広く論じられるようになってきている。バイセクシュアル★の女、レズビアンの女、在日朝鮮人の女、障害を持つ女……。しかし、そういった「女たち」の「間」の差異以前に置かれている、限定付きでない「女」というカテゴリーを、私はすんなり受け入れることができない。

「女」とは誰のことか。それを教えてくれたフェミニズムそのものが、現実の中では、時に私を抑圧する装置となる。社会的・政治的に「女性」と位置付けられていることや「レズビアン」とみなされるということと、「女性であること」や「レズビアンであること」はイコールではないと私は思う。私は、社会的・政治的に「女性」として位置付けられ、また、しばしば「レズビアン」とみなされる。その事実は、私が性別違和感をかかえていることと矛盾しない。他者から名付けられ、カテゴライズされていることを認識することと、カテゴリーそのものを自分のために内面化することは同義ではない。それは、「女」だろうが「レズビアン」だろうが「トランスジェンダー」だろうが、どのカテゴリーでも同じことだ。

私は、これからも社会的・政治的に「女」と位置付けられる者のひとりとして、性別違和感を持たない「女たち」とも共に闘うことができるだろう。しかし、私にとっては、まだ、私の性別違和感とは何なのか、すっきりと答えが出ているわけではない。ミソジニー★やホモフォビア★といった切り口から、どれだけ割算や引き算を繰り返しても、性別違和は打ち消すことのできないものとして、私の中に影を落とし続けている。だからこそ、女／男というカテゴリーそのものを問い直し、私を名付け回収しようとする圧力に抵抗し続けること。それが、私の中では、矛盾をはらむ「私」という一人称の内に、忘れられることなく留め置かれた課題でもある。

★バイセクシュアル　*bisexual*　女性も男性も性的対象となる人。

★ミソジニー　*misogyny*　女性嫌悪。女性蔑視。ウーマン・ヘイティングとも言う。

★ホモフォビア　*homophobia*　同性愛嫌悪。

なぜトランスジェンダー・フェミニズムか

トランスジェンダー・フェミニズム。この言葉を聞いてぴんと来る人はほとんどいないに違いない。それは、フェミニズムは基本的に「女」のものだと思われている風潮があるからだ。

しかし、全ての人にフェミニズムは多大な影響を与えている。男女同権はもちろんのことだが、ジェンダー★の発見、セクシュアル・ハラスメント★やドメスティック・バイオレンス★を言語化し意識化したことなど枚挙に暇がない。

トランスジェンダーがフェミニズムに関われると思うのは、性別越境していく中で、「女」「男」と二分された「性別」が自分の目の前で解体していく現象をリアルに体験するからだ。「性別」とは、全ての人にとって、もともとの生物学的なものでは決してない。世の中には、トランスジェンダーもいればインターセックス★の人も大勢いる。しかし、意識を持たない人にとっては分からないため、「そんな人とは会ったことがない」「本当にそんな人いるの?」という声が聞こえる。しかし、いるのだ。つまり、ぱっと見ただけでは、どんな人にもその人の生物学的性別は一〇〇%確信を持ったレベルでは分からないに違いない。その意味で、実は、「性別」は日常生活において、単に第三者から見てどう見えるか、ということ以上でも以下でもない。

「女/男なら生殖機能がなければいけない」と考える人もたくさんいるだろうが、もともとの「女」「男」でヘテロセクシュアルであっても、子どもを作らない選択をする人たちも大勢いる。また、身体機能的に子どもを作れない「女」「男」もたくさ

★ジェンダー　*gender*　心理的、社会的な性別。

★セクシュアル・ハラスメント　*sexual harassment*　いわゆるセクハラ。相手の意思に関係なく、性的に身体を触れたり、性的な言葉を発したりすることをいう。しかし、ほとんどの加害者は加害意識がない。

★ドメスティック・バイオレンス　*domestic violence*（DV）　生活を共にする恋人や配偶者からの身体的・精神的・性的・経済的暴力のこと。トランスジェンダーでない人同士のヘテロセクシュアルの関係だけでなく、ゲイやレズビアン、バイセクシュアル、ポリセクシュアル、パンセクシュアル、トランスジェンダー、インターセックスの中にも起こる。

★インターセックス　*intersex*　間性。半陰陽者。生まれた時、女性とも男性ともはっきり言えない性器を持っている人たち。男女どちらのものももっている場合もあり、どちらのものももっていない場合もある。グラデーションの性別は認知されていないため、出生後、できるだけ早く医者が独断で近似していると思われる性別に外科手術をして似せていく。インターセックスの当事者団体PESFIS（peer support for intersexuals） http://home3.highway.ne.jp/pesfis/ はそれに強く反対している。

んいるし、セックスをしたくない／しないアセクシュアル★の人もいる。また、身体的に生まれた時からグラデーションの中にいるインターセックスの人もいる。誰が「女」であり、「男」であるのか。あなたの中ではそれは「性器」であるかも知れない。しかし、他人の性器を見ることのできる機会はそう多くないに違いない。だとすると、自分がどこで他人の性別を判断しているのか、一度考えてみると面白い。

トランスジェンダーは性別を越境していく中で、もともとの性別とは別の性別として扱われるようになり、違う文化の中に組み込まれる。まず見た目が元々の性別とは別の性別に見えるようになれば、公衆トイレは新しい性別のものを利用しなければならない。特にＦＴＭの場合、痴漢と間違われる確率が高くなるので必須だと言えるだろう。それは新鮮な体験だ。私が最初に驚いたのは、男性用トイレで半数くらいの人が小便の後に手を洗わないことだった。自分の男性器が汚れておらず、小便もつかなかったから綺麗と思っているだけかも知れないが、女性用トイレでは考えられないことだ。しかも、外で恋人らしい女性と待ち合わせをし、すぐに手をつないでいたりする。そんな些細なことからも一般的な男女の感覚の差が見えるというものだ。

もちろんリアルに男尊女卑も経験する。ＭＴＦが「女性」に見えるようになればセクハラも経験するだろう。生来の「女」でなくても、私はもちろん、ここから声をあげることもできると思う。

それは、同じ「セクシュアル・マイノリティ★」と言ってもトランスしていない、つまり性別違和のないゲイ★やレズビアン、バイセクシュアル、ポリセクシュアル★、パンセクシュアル★、アセクシュアルの人とはまた別の体験だ。トランスしていくことは、本当に貴重な体験なのだ。

「セクシュアル・マイノリティ」は自分たちで安全に楽しめる居場所を作り上げて

★アセクシュアル　*asexual*　無性。誰に対しても性的欲望のない人。
★セクシュアル・マイノリティ　*sexual minority*　性的少数者。正確に言うといろいろなファンタジーやSM、スカトロ（糞尿愛好）なども入るが、レズビアン、ゲイ、バイセクシュアル、トランスジェンダー、インターセックスを総じてこう表記する場合が多い。
★ゲイ　*gay*　男性同性愛者。元々の男性だけでなく、女性に生まれて現在男として生活しているFTMで、男性が性的に好きな人も含まれる。
★ポリセクシュアル　*polysexual*　複数のジェンダー、性的指向の人、女、男、FTM、MTF、FTX、MTX、インターセックスなどいろいろな性的対象を持つ人。
★パンセクシュアル　*pansexual*　全てのジェンダー、性的指向の人、女、男、FTM、MTF、FTX、MTX、インターセックスなどいろいろな性的対象を持つ人。または、あらゆるセクシュアリティやジェンダーを持つ人々が集まれる場。

きたため、ゲイコミュニティ★もレズビアンコミュニティも閉鎖的に作られている。東京新宿二丁目や大阪堂山がゲイタウンだということは、ほとんどのヘテロセクシュアルは知らないに違いない。いまやゲイにはたくさんのゲイバーやゲイショップ、ゲイクラブなど大きな商業ベースがある。また毎月出る『バディ』や『G-Men』、『薔薇族』、『サムソン』など、何種類ものゲイ雑誌や、ヘテロセクシュアルのAVに負けないゲイビデオなどの文化も大きな流れとしてある。一方、レズビアンバーは少なくて、大阪でさえ一桁くらい。レズビアン雑誌も『カーミラ』一種類くらいしか出ていない。ここにあるのはヘテロ社会と同じく、女と男の経済格差だ。

しかし、トランスジェンダーにおいてはそのような場すらほとんどなく、自助グループ★や運動団体しかない。媒体についても、女装コミュニティ★は雑誌を数種類出しているが、それ以外は同人誌のみ。商業的には皆無に近い。いわゆるニューハーフ★やおなべ★の店はあるが、それは主にトランスではないヘテロセクシュアルが楽しむための場で、自分たちのためのものではない。ニューハーフやおなべの店は、向き不向きはあるにせよ、トランスジェンダーの受け皿としては貴重なものだ。性別違和があると感じた時点で、自分の未来のモデルが見えないために、メディアから情報を得て一度はアクセスしてみる人もいる。しかし、一般社会でも接客に向いている人と向いていない人がいるように、全てのトランスジェンダーにぴったりの職というわけではない。ほとんどのトランスジェンダーの大人は、会社員だったり、派遣社員だったり、自営業者だったり、フリーターだったり、他の人たちと同じように何かしら一般的な仕事を持っている。望む性別の姿で働いている人もいれば、そうでない人もいるが。

もちろんトランスジェンダーでレズビアン、ゲイ、バイセクシュアル、ポリセク

★コミュニティ　*community*　ゲイやレズビアンなどは自分たちのネットワークを「コミュニティ」と呼ぶ。ゲイ・コミュニティ、レズビアン・コミュニティなど。

★自助グループ　同じアイデンティティや経験を持つ人同士が集まり、情報交換やアドバイスが受けられる場所。

★女装コミュニティ　女装とは、生物学的男性が女性の衣服を身に付けるだけで満足すること。新宿など、女装する人々が集まり、メイクや洋服選びを気がねなく出来る店がある。そこで生まれるコミュニティ。

★ニューハーフ　（和製英語）主に生物学的男性と定義されている人で、女装し、バーなどで主にヘテロセクシュアルの人を接待する職業名。身体的にトランスする人も多い。

★おなべ　主に生物学的女性と定義されている人が、男装し、バーなどで主にヘテロセクシュアルの人を相手に接待する職業名。バーによっては、身体的トランスが許されない店もあるが、トランスしている人も多い。

シュアル、パンセクシュアル、アセクシュアルの人もいるが、ほとんどがネイティブ★女性であるレズビアンやネイティブ男性であるゲイはトランスジェンダーの存在を意識しているわけではない。だから実際にパス★している人でトランスジェンダーのゲイやレズビアンの人は、ほとんど自然にそのままゲイやレズビアンのコミュニティに入っていっている。ぱっと見てすぐに分かるバレ系★の人でなければ分かりにくいので、コミュニティの中にいても排除できないというのもあるかも知れない。

しかし、パスしていない人の場合、コミュニティに警戒心を引き起こす。いくら「レズビアン」だ「ゲイ」だと言っても、「女」か「男」と自分の希望の性別にはっきり見えなければ、相手は見つからないに違いない。単性愛★の人の場合、「セクシュアル・マイノリティ」と言えども、性別二元論★から逃れているわけではないのだ。

「女」「男」という分け方がどれほどいい加減なものか。しかも、「明確」なものとして、この社会の中で絶対的価値を持っているか。それを感じることができるのは、トランスジェンダーの特典だ。「女」は胸が膨らんでいて、身体の線は滑らかで、女性器があり、月経があり、はらむことができ、「母性本能」がある。「男」は筋肉質で力があり、男性器があり、射精し、はらませることができる。それが世間の持つ基本的な「女」「男」イメージだ。そして、二〇代も後半になると親や周囲から結婚はまだかとせっつかれる。もしも結婚したらしたで子どもはまだかとせっつかれる。

意外かも知れないが、トランスジェンダーには、実は「母親」であるFTMトランスジェンダーもいるし、「父親」であるMTFトランスジェンダーもいる。もちろん、中には性器まで完全な性転換をしてしまう人も多い。なぜ性別違和がありトランスしているのに、トランス前に元の性別でセックスし子どもを作ることができる

★**ネイティブ**　*native*　もともとの、という意味。例えば「ネイティブの女性」という場合には、生まれた時から現在まで自分を含め誰もが「女」だと思ってきた、生まれた時から法的書類（日本人の場合、戸籍）上の女性のこと。

★**パス／ノンパス**　*pass*／*nonpass*　パスは、例えば、FTMで人から「男」として見られたいなら、自己主張しなくても、誰もが「男」として見てくれるようになること。「パス度が高い・低い」などというふうに使う。ノンパスは「パス度が低い」という意味だが、本当は希望の性別「女」「男」として第三者に見られなくても構わないという姿勢。

★**バレ系**　自分のもともとの生物学的性とは違う「女」「男」として見られたくても、第三者から見てバレてしまう人のこと。

★**単性愛**　ゲイ、レズビアン、ヘテロセクシュアルと、一つの性別だけに向かう性嗜好。これと違うのは男女どちらにも向かう両性愛のバイセクシュアル、複性愛とも言えるポリセクシュアル、パンセクシュアルである。

★**性別二元制／性別二元論**　人間には女と男の二種類しかいないという認識。世界の全ては男女という二分法で語られる。

のか、それを「おかしなこと」と思う人も多いだろうが、人生の中では様々な選択がある。それが現実だ。トランスジェンダーにも、ネイティブの男女でヘテロセクシュアルの人と同じように、社会からの抑圧はあるのだ。しかも、生まれた時から性別違和を感じながら、可能性が見えなくて、自分をトランスジェンダーだと自認するまでに時間のかかる人もいる。

また、ホルモンを使っていないＦＴＭは「男」に見えてもたいてい月経があり、声変わりはしていない。ホルモン注射を打っていたとしても、髭が生え月経は止まり、少し筋肉質にはなるが、乳房除去手術をしていなければ胸はついたまま。もちろん子宮と卵巣を除去して陰茎形成していなければ女性器のままだ。ＭＴＦはそれとは逆だ。永久脱毛していればそれなりに「女」に見える部分はあるが、そうでなければ髭の剃り跡が濃く残っている。もちろん喉仏はそのまま。ホルモンを摂取していなければ胸の膨らみもない。ホルモン摂取したとしても、もちろん精巣摘出や陰茎切除、膣形成をしていなければ、陰茎もやや小さくはなるが、そのままだ。

トランスの過程にいるトランスジェンダーは大勢いる。最終的に完全に性器までは「女」「男」に身体を変えてしまわないトランスジェンダーも多い。ＭＴＦの場合は比較的性器の手術は簡単だが、特にＦＴＭの場合は、大きなペニスまで付けず、立ちションできるレベルの小さなペニスで満足するケースも多い。なぜせっかく手術するというのに、一般的な男性の大きさのペニスでなく、小さなものを付けるのか。大きなペニスを付けると性交のために半勃起状態の大きなものを付けられ、しかも感覚がなくなり、根元から小便が漏れる可能性が高く、再手術を繰り返さなければならないというリスクもある。しかし、ペニスが欲しい人は、感覚がそのままで、機能的には立ちションできれば小さくても十分だと言う人もたくさんいる。他人から見るとその人は、男性用小便器が使える以上、日常生活の上でも「男」に見えるはずだ。このように、身体の特徴だけをとり出してみても、現実として、性とはグラデーションである、としかいいようがない。「私」というものはつきつめれば、「私」一人しかいないのだ。

　私が分からないのは、そんなふうに性別移行できる条件があり、また、実際にいろんな人がいるのに、「女」「男」という二分法がいまだに猛威を奮っているということだ。パスしていても、公的書類上の性別を変更していなければ、その人は元の性別のままだ。身分証明と本人が見合わず、混乱が起きるし、就職で正規採用もされにくいという現実がある。しかも、見た目で二分された上で男女差別は起こる。

　フェミニズムは、そうした「女」か「男」かで差別される社会を批判的に検証し、少しずつだが変えてきた。しかし、今のフェミニズムの流れを見ていると、ネイティブ、かつ、ヘテロセクシュアル中心の雰囲気がある。同じ「女」であっても、レズビアンやバイセクシュアル、ポリセクシュアル、パンセクシュアル、アセクシュアルの「女」のことや、トランスジェンダーで「女」になった人のこと、法律上女性だが男性として生活しているトランスジェンダーのこと、また、法律上女性だがインターセックスの人のことは想定すらしていないようにみえる。もちろんトランスジェンダーで「男」から「女」になり、法的書類（戸籍など）上の性別変更を済ませていて、しかも「男」を性嗜好の対象とするような「ヘテロセクシュアル女性」なら別だろうが。しかし、残念ながらほとんどのヘテロセクシュアル・フェミニストはそんな状況の中にいる「女」のことなど考えていないに違いない。パスさえしていれば、その人がカムアウト★しなければ気付きもしないだろう。しかし、パスしていても、今の姿が公的書類上の性別と違えば、就職は難しい。性暴力やDV★も男から女しか起こらないと思われ、婚姻制度を問題にしていても、異性愛主義、一夫一婦制が問われることは少ない。フェミニズムでさえ性別二元制から自由ではないのだ。だからこそ、私はトランスジェンダーが自ら声をあげていくべきだと思う。

フェミニズムとは何か。私は今のフェミニズムのありように、トランスジェンダーが与えられる可能性を感じる。男女二分法の無意味さをトランスジェンダーは浮き彫りにする。性差別のない社会はあらゆる人にとって生きやすい社会であるはずである。そこから新しいフェミニズムをスタートさせることができるのではないか。私はそれを信じている。

★カムアウト／カミングアウト　*come out, coming out*　英語では、自分のセクシュアリティを隠すことを「クローゼット *closet*」と言うので、クローゼット（押入れ）から出るという意味で、自分のセクシュアリティなどを他者に明らかにすること。そのことにより攻撃されるという危険性もあるが、自分に近しい人に理解してもらえたら、楽になることもある。

★ＤＶ　ドメスティック・バイオレンス。同居している恋人や配偶者からの暴力を指す。肉体的、性的、精神的、経済的暴力など、力と支配の関係を作り出す暴力は全てドメスティック・バイオレンスである。被害者はもちろん、ヘテロセクシュアル女性だけでなく、レズビアン、ゲイ、バイセクシュアル、パンセクシュアル、ポリセクシュアル、トランスジェンダー、インターセックスなど、あらゆるセクシュアリティやジェンダーの人がいる。

女である、ということ

ＬＧＢＴＩ★（レズビアン、ゲイ、バイセクシュアル、トランスジェンダー、インターセックス）に開かれた場で、ある女装家の人に顎髭をじっと見つめられた。男性ホルモンが利いているかどうか確認するためだと思うが、すごく顔を近づけてくるのが恥ずかしかったので「やめてくださいよぉ」と言うとなぜか「女がまだ残ってるね」（笑）と言われた。「別に女をやめたいとは思いませんから」と答えると、横で聞いていた友達は肯定的に「玲さんがそれはないやろね」と笑ってくれた。

私はＦＴＭ系トランスジェンダーで男性ホルモンの注射を打っているが、別に男性になりきりたいとは思わない。約三〇年ほど、ずっと女性であった経験は大切だと思うし、そうだからこそ分かることもたくさんある。しかしＦＴＭ系ということで、「男になりたい」強い意志を持っている、と解釈されるのもよくあることだ。当事者の中でも、女であった経験をなきものにしたり、自分自身を否定したりし、完全に最初から「男」であった男として生きたい人がたくさんいることも私は知っている。

私は「女ではない」身体が欲しかっただけだ。それはなぜかと言われてもよく分からない。子どもの頃、性暴力にあったわけでもなければ、女が好きだから男にならないと、と思ったわけでもない。ただ、女の身体であるよりも男っぽい身体の造りになる自分が好きだっただけだ。

私は初潮が一五歳と遅く、両親は心配していたが、すごく楽だった。だから、私は小学生の頃から自分がインターセックスではないかと思っていた。やっと来た時、これで親に産婦人科に連れて行かれなくてすむという安堵感はあったが、がっかりしたのを覚えている。それから一五年、私は月経のある人生だったが、男性ホルモンを打ち始めて止まり、また楽になった。もともと妊娠したい、子どもが生みたいという願望はなかったので、単に邪魔だったのだ。

女である、とはどういうことだろう。化粧の経験もなく、短髪で、パンツルック

★LGBTI ＝エル・ジー・ビー・ティー・アイ　レズビアン、ゲイ、バイセクシュアル、トランスジェンダー、インターセックスの頭文字を並べた略。

しか身に付けていなかった私と今の私は、声が低くなり、体毛が濃くなり、筋肉質になった以外は自分ではそれほど変わりがないと思う。しかし、一般社会の反響はそうではない。

まず、今は女性用スペースに入ると痴漢と間違われるリスクを負わなければならない。トイレ、脱衣所、銭湯然りである。しかし、私はまだ乳房切除をしていないので、男性用もトイレくらいしか使えない。もしも社会が完全にジェンダーフリーで、男女とも共通のスペースだったとしても、髭が生え、筋肉質だが、胸のついている私は多分奇異な目で見られるだろう。

ジェンダーイメージというのは本当に強固なものなのだなと、トランスを始めて実感する。これは実際にトランスした経験のある人でなければ分からないに違いない。ジェンダーを移行すると見えてくるのは、世の中は本当に女と男に分かれているんだということだ。これはインターセックスの人や、不本意にも移行中のトランスジェンダーの人については辛いに違いない。人を見る価値観が男女で変わってくるからだ。

以前、フェミニストの人たちのドメスティック・バイオレンスについての講演会に出かけたことがある。男性でも歓迎だったので安心だったのだが、結局男に見えるのは私と、同じＦＴＭであるパートナーの二人だけだった。受付で「男性にも来てもらえてうれしいです」と言われ、言葉を失くした。「実はトランスジェンダーで」とは言えなかった。あの素晴らしいイベントにただの一人もネイティブの男が来なかったというのも腹立たしいが、私たちがそこにいることで何かを期待させてしまったかと思うと、罪悪感があった。

これは価値観の違いはあるにしても、あらゆる社会で同じであることである。フェミニストであっても勘違いの仕方は同じなのだ。女である、男である、というのはどういうことか。それは結局他人から見てどう見えるか、ということに過ぎない。しかし、そこに過剰に意味づけられていることこそがジェンダーなのだ。

男に見えると得をすることがたくさんある。女に見えると損をすることもたくさんある。特にセクハラ、性暴力に関することで女は男に搾取され暴力にさらされやすい。私は女性を搾取したいとは思わない。だが、男に見えることで、不必要に女性の警戒心をあおり、距離を感じる。だから、男であることを引き受けざるを得ない。トランスして一番損をしているなと思うのはそのようなことだ。だから、逆にパスしているMTFの場合だったら、女性から見て親和性があるに違いない。トランスジェンダーは世の中にそれほど多くはない。だから、見た目でなく、内実で判断して欲しいと言っても、なかなかうまくいかないだろう。

　この中でどう生きていけばいいか。見た目は男でありながら、女であった経験を持つ、ということ。それが私自身の本当の姿だ。トランスし始めたことによって失ったものもたくさんあるが、境界線から見えるものをたくさんの人に伝えたい。私は今、そう思っている。

フェミニズムとの新たな共闘へ

私がフェミニズムと出会ったのは二〇代半ばのこと。その頃付き合っていた女性が、バイセクシュアルのフェミニストで、一緒に暮らし始めると自然とフェミニズムの蔵書が増えた。私は本ならとにかく何でも好きだったので、彼女の蔵書を端から端まで全部読んだ。すると、フェミニズムは、意外に面白かった。それまでの私の中のフェミニズム・イメージは、男女同権推進の女の権利だけを主張するようなセカンド・フェミニズム止まりだった。だから、そこでもう一歩進んだパット・カリフィア（現パトリック・カリフィア）、ジュディス・バトラーなどのサード・フェミニズムと出会えたのが大きな収穫だった。私がそれまで読んでいた哲学書や心理学書、社会学や文学の本はほとんどが男性の著者だったが、私はその単純な事実にさえ気付かないでいた。フェミニズムの本は、そんな根本的なジェンダーバイアス★を解体する力を持っていたのだ。私にとって、それは大きな発見だった。それと同時に、私は自分の中に植え込まれていたミソジニー、内なる女性差別意識とも向き合わざるを得なくなった。成長の過程で意識せずに男性的価値観を身につけてしまっていたのだ。おまけに彼女は、関西に女性センターがほとんどなかった時代、その先駆け的存在とも言える吹田市江坂のウーマンズスクールに通い、フェミニズム関係の人脈も広かった。そうしたフェミニストたちとの出会いを通じて、私の中にフェミニズムの卵が生まれた。

私がレズビアン・コミュニティにアクセスしたのはちょうどその頃だ。京都のクラブのドラァグクィーン・ナイト★に、付き合っていた彼女と遊びに行ったときのこと。偶然出会ったMTFトランスジェンダーのレズビアン・フェミニストの人がいて、私たちを「レズビアン」と認識し、レズビアン・グループの立ち上げに誘ってくれた。それが全ての始まりだった。私は正確には「レズビアン」アイデンティティを持っていなかったが、私自身が社会の中で「女性」と位置付けられ、「女性」とも恋愛したりセックスしたりする人であることは分かっていた。だから、そのMTFレズビアンのような人が入れるのであれば面白いグループかなと興味が湧き、その議論に参加した。その時、バイセクシュアルの女性が一人議論の場にいて、「もしこのグループを〝レズビアンのための〟と限定するなら、私は男とも寝るレズビアンというふうに自分について言わざるを得なくなる」と発言していた。アイデンティティとは何なのか、それは人それぞれだが、私は彼女のような人がいるなら、私の居場所もあるだろうと感じた。しかし、何があったのか、彼女はすぐに全く来なくなった。

そして、私はやがてそのグループのニューズレターを編集しながら、中心的な存在になっていった。しかし、そこでポリガミーの私に対するバッシングが起こった。私のその頃の同居人は二人。パートナーと元パートナーだったが、どちらもバイセクシュアルの女性だった。バイ・バッシング★とポリガミー批判のニュアンスを含む偏狭な雰囲気に嫌気がさし、私はそのグループに見切りをつけた。

★**ジェンダーバイアス**　*gender bias*「男らしさ」「女らしさ」を基本としてジェンダーに縛られた価値観。また、男尊女卑によって偏った見方。

★**ドラァグ・クイーン**　*drag queen*「女」というものを戯画化し、ゴージャスな衣装や派手なメイクを施し、ショーなどでパフォーマンス的に見せる人。主にゲイに多い。

★**バイバッシング**　バイセクシュアルに対するレズビアンやゲイの偏見から来る批判。「本当はレズビアン／ゲイなのに、誤魔化してバイセクシュアルだと言っている」と思う人も多いようだ。しかし、実は結婚している、あるいは結婚したことのあるレズビアンやゲイや、ヘテロセクシュアルと恋愛やセックスしたことのあるレズビアンやゲイもたくさんいる。

レズビアン・コミュニティにいて分かったのは、自分の中に全く消えない性別違和感があることだった。レズビアン・コミュニティを離れたのをきっかけに、それと向き合おうと、以前から交流のあったゲイとトランスジェンダーのグループに行き始めた。すると、トランスジェンダーの集まりを、ゲイに見えるMTFの人が運営していた。その人は自分の性自認と性嗜好との間で葛藤した上で、生物学的男性だが女性になりたいという気持ちを持ちつつ、二四時間男装をしながら、ゲイ・コミュニティにいるのだという。MTFレズビアンの人といい、MTFだが、二四時間男装をしてゲイ・コミュニティにいる人といい、世間の常識をはるかに超えた存在。そうした人たちとの出会いは私にとって本当に大きなものだった。

そして、とうとう自分の中のミソジニーを解体しながら、自分もトランスすることを考え始めた。性同一性障害★治療の正規ルートではなく、自由診療★（闇）でホルモン投与し始めたのはその頃のことだ。なぜ自由診療を選んだのかというと、私は精神科医に性同一性「障害」と認めてもらうことの胡散臭さを感じていたからだ。その後、FTMの自助グループ・Tジャンクションや QWRC（Queer and Women's Resource Center 第4章参照）の立ち上げに関わることになる。Tジャンクションは、

ＦＴＭヘテロセクシュアルだけでなく、ＦＴＭゲイやＦＴＭバイセクシュアル、ＦＴＭポリセクシュアル、ＦＴＭパンセクシュアルの人たちが居心地のいい空間作りを目指している。それは、女を見下し、ホモフォビアの強いマッチョなＦＴＭコミュニティに異議申し立てをするためでもあった。また、ＱＷＲＣがなぜ「クィア」★と「女性」かというと、クィア・コミュニティにフェミニズムの影響を与えたかったからだ。もちろん、クィアでないヘテロセクシュアルのフェミニストの人たちにもクィア・カルチャーを理解してもらいたかった。

人間の性はグラデーションだ。なのに、世間では、そんな認識はまるでない。異性愛であろうが、同性愛であろうが、性別二元制に基づいて、ひとつの性別を愛す

★性同一性障害 *gender identity disorder*（ＧＩＤ）　性別違和を生まれつき抱えて、「心の性」とは違う自分の身体を、ホルモン投与や外科手術で異性の身体に変えずにはいられない精神疾患名。

★自由診療　性同一性障害治療の正規ルートではない診療。もちろん医師免許のある医師が診療を担当するが、ジェンダー・クリニックではない。そのため、「闇」と呼ばれる。

★クィア　*queer*　「変態」という差別語だったものを当事者が奪い返し、ポジティブな意味で使っている。レズビアン、ゲイ、バイセクシュアル、トランスジェンダー、インターセックスを一言で言うとこの言葉になるだろう。「クィア映画」などで日本に入ってきた感もあるが、一般にはそれほど定着していない。レインボーがシンボルカラー。

るという点では同じことだ。私にはホモフォビアはなかったが、そのような単性愛には違和感を覚えた。だから、私は今、自分のセクシュアル・オリエンテーションとして、ポリセクシュアルかパンセクシュアルを名乗ることにしている。バイセクシュアルとは言わないのは、バイセクシュアルは結局、「女と男どちらも」という性別二元制に基づいた言い方だから違和感があるのだ。人間には生まれた時から女と男のどちらでもないインターセックスの人もいれば、成長してからトランスしていくＦＴＭやＭＴＦトランスジェンダー、自分の性別を決めたくないＦＴＸやＭＴＸといったトランスジェンダーがいる。私は相手の思想や趣味にはこだわるが、性器の形状に特にこだわったりしない。

また、私は大雑把に言うとＦＴＭだが、「本物の男」になろうとは思っていない。乳房は手術して取る予定だが、女性器を解体して子宮と卵巣を取り除き、人造男性器を付けるために性器の手術を受ける予定も今のところない。だから、もちろん、現在の性同一性障害者性別取扱特例法（第３章参照）を使って、戸籍上の性別を変更することはできないし、する予定もない。正確に言うと、ＦＴＭＴＸ★と言えるだろう。私がトランスを始めたのは、性別二元論から自由になりたかったからだ。自分が「女」から「女ではないもの」になるには、別に「男」である必要は全くない。男性ホルモンを定期的に投与し、一見「男」に見える外見にはなったが、女性器はついたまま。乳房は取るので乳なし、女性器あり、の一般常識からすると不思議な身体だ。しかし、私はこの身体となら仲良くしていけるだろうと思う。

ネイティブの女性でヘテロセクシュアルのフェミニストからすると、私の選択はほぼ理解できないだろう。なぜ「女」から「男に見える」身体を選んだのか。そこにミソジニーやジェンダーバイアスは本当にないのか。私もジェンダーバイアスがかかっている社会の中で育ったのは他の人と一緒だ。狭い社会の中で、ヘテロセクシュアルで性的にも経済的にも自由奔放に生きる自民党員の父と、同じくヘテロセクシュアルで、父を立てる倹約家で忍耐力の強い母に育てられ、どちらの生き方もしたくないと思いながら成長してきた。私はもっと自由に生きたいと思ってきた。それが最大の目標だった。だから、クィアの世界に来たのかどうかは分からないが、私はクィア・コミュニティの文化を面白いと思う。

★FTMTX　*female to male to X*　=エフ・ティー・エム・ティー・エックス　生物学的女性と定義され、身体的には男性に見える形にトランスしたが、どちらでもない性別として生きる道を選んだトランスジェンダー（性別越境者）。

クィアを生きるとはすなわち、「私」という個を生きることだ。その上で私がヘテロセクシュアルのフェミニストと共闘できると思うのは、個を生きることを否定する社会をつくってきた制度の数々——家父長制度★の根源、戸籍制度廃止や、それと連動している天皇制の廃止などであろう。毎年七〇億円もの莫大な税金を使って維持★している天皇制は、男女差別や家制度、性別二元制と深く関わっていると思う。というのは、女性天皇の是非の議論があったりするが、基本的に天皇家は男系だ。「世襲」だから子どもを生むのが女の「仕事」になる。しかも、「日本人」枠の中で天皇家だけには戸籍がない。つまり、戸籍とは、「家」を通じて人々を管理する、徴兵に役立つ天皇の家来リストなのだ。天皇の戦争責任を問わず、放置し、維持したツケは、日本人にとって大きいと言わざるを得ない。「個」を尊重するといいながら、「個」であることを許さない戸籍をのこしてきてしまったのだから。夫婦別姓や現在の性同一性障害者性別取扱特例法などについても、中途解決に惑わされ、一部の権利を獲得することで満足するのではなく、根本的に何が問題かを見据えること。問題の根源を解析するのにセクシュアリティは関係ない。クィアと言われる人たちの中にも、保守的な思想の人たちは残念ながらたくさんいる。家制度や性別二元制を突き崩すには広い連帯が必要だ。

女性のフェミニストたちは「シスターフッド」という言葉を使う。女性同士、ということが重要なら、MTFでヘテロセクシュアルの人は入っているだろうか？　MTFでレズビアンの人は？　MTFが「女性」ではない、と言われればそれまでだが、法律上性別変更をしている人も当然いる。ならばFTMは？　法律上女性だったり、法律上性別変更していても女性であった歴史を持つ人は？

いろんなジェンダーのあり方が増えて、世の中、「女」と「男」だけでは決してない。しかし、制度が変わらないかぎり、「ヘテロセクシュアルのネイティブの男」対「それ以外」の「レズビアン、ゲイ、バイセクシュアル、ポリセクシュアル、パンセクシュアル、アセクシュアル、トランスジェンダー、インターセックスとヘテロセ

★家父長制度　家長（戸主、世帯主）による家族支配の形態。家長は男性とする考え方が強いため、男性優位主義と密接に結びついている。現憲法公布にともない決定権や財産相続において「夫婦は同等」とされたが、慣習として、男性が女性を支配し、年長者が年少者を支配する権力構造は根強く残っている。

★皇室予算　七〇億円の内訳は、二〇〇五年度で内廷費（天皇家の私費）三億二四〇〇万円、宮廷費（天皇家の公費）六三億三〇二万円、皇族費（宮家へ支給）二億九九八二万円の合計額。この他、皇宮警察の予算、宮内庁費一〇八億三二五七万円の予算を加えると、公的な数字だけでも莫大なものになる。宮内庁ホームページより　http://www.kunaicho.go.jp

クシュアルの女性たち」という構図になる。数的には「それ以外」の方が多いので、少数派＝マイノリティという言葉も成立しない。その様子は、まるで南アフリカ共和国のアパルトヘイトのようだ。その頃、南アフリカでは、圧倒的に少数派の白人だけが金持ちで権力を持ち、社会的に優遇されていて、大多数の有色人種に対する厳しい差別が蔓延していた。日本人はかつて名誉白人などという地位を獲得して悦に入っていたが、とんでもない。それと同じことが、ヘテロセクシュアルでネイティブの男性と「それ以外」の人たちの間には起きている。フェミニストで「女枠」を自分のスタイルとして好む人はそこにこだわり続けるのもいいが、ヘテロセクシュアルでネイティブの男と「それ以外」の人たちの間に、圧倒的な力関係があるのは確かだ。この力関係を意味のないものにするには、数的には多い「それ以外」の人間が団結する必要がある。本当に男女差別をなくすために、全てを戸籍・婚姻関係単位ではなく、個人単位の保障に変えること。戸籍制度と天皇制を廃止し、公的書類上の性別欄削除を基本に性別二元制を廃止すること。フェミニズムには、その可能性がある。

闘いはまだまだこれからなのだ。

第2章◎トランスジェンダーという選択

トランスジェンダーという選択
FTM（女性体から男性体へ）のライフスタイル

性同一性障害≠トランスジェンダー

世間一般では、トランスジェンダーと性同一性障害（GID）は同じようなものと解釈、混同されているケースが多い。しかし、実体は違う。性同一性障害は身体の性と精神上の性が違うという「障害」の名称である。一方、トランスジェンダーは性別越境者という生き方を自分の意思で決定している存在だ。GIDという言葉には「アイデンティティ」という単語も含まれているが、トランスジェンダーという生き方こそ、まさにアイデンティティによる産物である。性同一性障害と認定されることで「障害者」として社会的に受け入れられる風潮はあるが、勘違いしてはいけない。それはあくまでも医学上の分類であり、個人のライフスタイルを表す言葉ではない。

私の立場と経験

ＦＴＭの仲間たちは生き方も様々で、グラデーションも豊富だ。たとえば、私は性別越境をしているトランスジェンダーだが、性別違和を「障害」とは思っていない。現在、男性ホルモンを定期的に投与★し、「男性」と社会的には見られるファッションを楽しんでいる。といって、完全に男性に「帰化」したいというわけではない。だから、「女の子」として扱われると疲れるが、他人から「男の子」として扱われても、どうしても居心地の悪さを感じてしまう。「彼」「彼女」という三人称を自分にも他人にも使うのは苦手である。

性的な嗜好については、相手が男であろうが女であろうが全く構わない。もちろんＦＴＭだろうとＭＴＦだろうと、ＦＴＸ★だろうとＭＴＸ★だろうと、あるいはイン

★**男性ホルモン投与**　男性ホルモンを投与すると、一～二ヶ月目で月経が止まり、三～四ヶ月目で声変わりする。その頃から筋肉質な体型になりはじめ、クリトリスが肥大する。投与し続けている限りにおいて、そのラインで安定していくが、卵巣と子宮摘出せずホルモン投与を止めると、声は戻らないが、また月経が始まる。

★**ＦＴＸ**　*female to X*　＝エフ・ティー・エックス　生物学的女性（Ｆ）と定義され、どちらでもない性別（Ｘ）として生きる道を選んだトランスジェンダー（性別越境者）。

ターセックスであろうと同じだ。バイセクシュアルというよりは相手を性別で選ばないセクシュアリティといえるだろう。現在のパートナーは同じFTMである。パートナーといえども、二人ともノンモノガミー★なので、別に好きな人がいたり、付き合っていたりもするが、仲良い友達同士のように話せてすごく楽しい。

　私は日常生活では男性用トイレを使っている。そして、そのことで一度も注意を受けたことはない。特段の衆目を集めたこともない。しかし、トランスの初期には、女性用を使って通報こそされなかったが、女性利用者の恋人らしき男性にトイレの前ですごい目で睨まれた経験がある。どうやら痴漢と間違われたようだった。それ以後は危険を回避するため、女性用を使わなくなった。その一方、手術をしていないため、男性の更衣室や銭湯は使えない。温泉にも行けなくてちょっと不便である。

　トランスジェンダーが一番困るのは性別入り証明書を提示しなくてはいけないときだ。証明書を出しても、本人と認めてもらえないこともあるし、最悪である。選挙のときに本人でないと思われ、投票できなかった人がいるとも聞いている。そのため、ほとんどの仲間は免許証★など、写真入りで性別表記のないものを選んで、提示することにしている。改名さえ済ませていれば、それで問題はない。とはいっても、病院などではあえて生物学的な性別を告知しないと、逆に命取りになる可能性もある。ただ、この際、外見上の違いから「性同一性障害」という言葉も添えねばならないが、こうした名称があるからといって全ての医療関係者がこれを理解してくれるというのは早計だ。障害の名称が全ての扉を開くわけではないのである。むしろ、診察時に物珍しさをあらわにした表情で扱われ、不愉快な思いをすることも多く、入院など緊急の場合にも「前例がないから対応できない」など、理屈にならないことを堂々と述べる医療関係者は少なくない。

★ＭＴＸ　*male to X*　＝エム・ティー・エックス　生物学的男性（Ｍ）と定義され、どちらでもない性別（Ｘ）として生きる道を選んだトランスジェンダー（性別越境者）。

★モノガミー／ノンモノガミー　*monogamy*／*nonmonogamy*　モノガミーとは、貞操の義務を持つ法律婚を始めとして、一対一の関係に限る付き合い方。ノンモノガミーは、「一対一の関係を優先するモノガミー」ではない付き合い方。

★改名　家庭裁判所で認められれば戸籍上の改名が成立する。五年以上の使用歴を示すのも一つの方法だが、今は性同一性障害として訴えれば、わりと簡単に通る。裁判官に直接会うわけではなく、法廷に出ることもない。裁判官との間に入ってくれる調査官と面接し、あれば診断書を、なくても通名の郵便物や公共料金の領収書、名刺などを提示し、そこで理由が認められれば、後はその調査官が裁判官に代わりに訴えてくれる。しかし、これは調査官や裁判官の認識で左右される可能性も大きい。私の友人のＦＴＭの人からは、元の名前から取った名前を押し付けられそうになったと聞いている。

私の入院生活

私は一昨年（二〇〇三年）、クモ膜下出血と脳梗塞で五ヶ月もの長期入院を余儀なくされた。友達の尽力もあり、トランスジェンダーとしてはとても幸運な入院生活を送ることができた。病院側のスタッフは全員、事情を理解して接してくれた。私自身は女性部屋でも別段構わなかったが、男性に見えるので男性として男性用大部屋で寝起きした。仮に書類上の性別に沿って女性扱いされた場合、現状ではトランスジェンダーに対する理解がいきわたっていないため、一緒に生活を共にする患者の人たちが混乱する事態は避けられなかったと思う。

結果として男性部屋での入院という措置は、性別にまつわる無用な混乱を防いでくれた。私自身にとっても、男部屋に入れられることの方が奇異な目で見られずに済むので快適だった。さらに私の場合、たまたまラッキーだったのが、一昨年倒れる前に改名を済ませていたことだった。患者の名前は部屋の前やベッドの所に貼られている。私が女性名のままだったらどうなっていただろうかと思うと正直、ゾッとする。

しかし、その病院探しの最中、やはり「前例がない」と断る病院が数多くあり、後に探すのを手伝ってくれた友達から悔しい思いをしたと聞かされた。性別越境をしているトランスジェンダーにとって、「病気になったから入院しましょう」という「普通のサービス」は決して普通には得られないのだ。もしも自分が倒れたとき、パートナーや友達とたまたま一緒ではなかったら。しかも、その人たちが私の意思を知らなかったら。今では可能性の話にしか過ぎないが、考えるだけで苦しい。トランスジェンダーであるがゆえに基本的人権の一部である医療サービスすら受けがたいという実態がこうして存在している。

ところで、私は実は今回の入院まで親にカムアウトしていなかったのだが、入院を機にカムアウトせざるを得ない状況となった。これまでカムアウトしてこなかった理由は、本音で言えば説明が面倒だから、ということに尽きる。告げたにせよ、年に一度か二度しか会わない両親のアフターケアはできないだろうと思っていた。かつて男性ホルモンの投与を始めて声変わりしたとき、親から「ポリープじゃないの?」と心配された。私は「検査してもらったけど大丈夫だよ」とごまかした。体毛が濃くなってきていることや胸を押さえていることは、洋服を選べば周囲には分からない。とはいうものの内心、これでどこまで行けるだろうかという不安もあった。

しかし、親からみれば、私が男性用の大部屋に入っているのはさすがにおかしく映ったに違いない。言うまでもなく、親にとって私は「娘」だからだ。途中までは個室だったのでよかったが、経済的にきつかったので大部屋に変更していた。父親はその不自然さに気づかなかったが、案の定、母親は気づいた。私は母親にだけは打ち明けた。その結果、「男性ホルモンの投与なんか止めて！」と泣かれる始末だった。「自分がやっていることだし、幸せにしているからいいんだよ」と言ったのだが、母親は父にも周りの人にも絶対言わない、と彼女なりの決意を語った。

複雑な思いである。母はこの事実を隠すことで何を守っているのだろう？　弟と妹には自らのトランスのことは話してあり、理解もあるので問題はない。だが、病気となると普段は滅多に連絡しない親が出てきてしまう。倒れたのを見守って介護してくれたパートナーや友人はやはりすごく気を使ってくれていたようだ。親に連絡を取るのは辛かったに違いない。母親は「私の教育が悪かったから変わった子に育ってしまった」と思っているようだ。もちろん、それは違うのだが。

いまでは本当に死なずに回復して良かったと思う。その理由は一般的な意味だけではなく、もし死んでいれば、私がトランスジェンダーであることもなかったこととされ、普通のお葬式をあげられ、親しくもない親戚の参列の中、両親の手で墓に入れられたはずだからだ。遺産もそのまま、パートナーも入る余地なく、勝手に始末されただろう。今後は病気や死後のことをきちんと考え、パートナーや友人たちに遺したいものが遺せるように遺書を残しておかなければいけないと思う。ただ、その遺書が有効かどうかについては、現状では法律問題もあり、結局は親の意思が影響してしまう。結論として、私はこれから自分の自由意思の意味やそれによる選択について、親に対してじっくりと話し、教育していくという作業にも時間を割かねばならないだろう。

ＦＴＭのグラデーション

見回せば、ＦＴＭの仲間たちにもいろんな人がいる。体調が悪いため、身体に負担のかかるホルモンを使えず、社会で「女性」として生きている人。自分が産んだ子どもを今は父親として育て、同じく子どもを産んだ女性と同棲生活をしている人。一人の子どもを産んだ女性とパートナーとして暮らし、その子に男の同居人と思われている人。会社に雇用される際にカムアウトし、そのうえで正式雇用されて働いている人。家族など親族にもカムアウトし、理解されて生きている人。家族の理解が得られず、家出同然で生活している人。結婚後、男性パートナーの理解を得てトランスしはじめた人。男性パートナーの理解が得られず、離婚した経験のある人。女性用が不快なため、トイレのみ男性用を使用している人。乳房切除の手術は終えているので、銭湯や更衣室まで気をつけながら男性用を愛用している人。その人一人一人の状況によって、いろいろである。

またFTMの中にはヘテロセクシュアルもいれば、ゲイやバイセクシュアルもいる。ゲイのパートナーを見つけた人もいる。また男性の風体でもレズビアンコミュニティに入り、レズビアンのパートナーを持つ人もいる。私のようにFTM同士で付き合うパターンもある。性的な嗜好も様々なのである。

また、時間を経るにつれて、自分の中でのジェンダー表現に揺らぎの出てくる人々もいる。ただ単に「男性的な服装をする」ことのみでよし、としていたレズビアンがホルモン投与などの医療サービスを受けて、さらに性別越境をするトランスジェンダーのアイデンティティを得ることもある。人によっては乳房切除や性器形成等の手術を望むようになることもある。また、その逆の場合もある。

ＦＴＭの仲間たちの間でも、立場や考え方は様々である。「普通の男性」として戸籍上の男性になりたい人から、自由に生きる権利を獲得するために戸籍そのものの廃止を目指している人までいる。いわゆる「普通の男性」になりたい人は社会の基盤を変えることがほとんどないばかりか強化してしまう側面もある。このため、保守的な「性秩序」の融解を恐れる一般保守層に歓迎される風潮があるが、私に言わせればこれは面白くない。

女性として生きた経験があるなら、その時点で既に「普通の男性」ではあり得ない。性別越境をする者ならば、社会の中に厳然とある様々なシステムの間違いも分かるはずだ。男はこうあるべき、女はこうあるべき、などというくだらない区分が、性別越境者であるトランスジェンダーを苦しめてきた。その点を知らずか、勘違いして、女であった経験を「ないもの」にするために過剰に「男らしい」単純なマッチョになってしまう人もいる。その方が社会に受け入れられやすいという利点は確かにあるだろう。しかし、女性を見下し、服従させて面白がる人の気持ちは私には分からない。そういうマチズモに同化する風潮がＦＴＭの中には残念ながらある。

このような態度は社会を硬直させ、市民社会の中のリベラル派の理解すら得づらくしてしまう。これから先、性別越境を試みるトランスジェンダーの卵たちに対しても、性別越境しにくい不自由な環境を与えてしまうことにもつながる。

FTMを囲む諸問題

声変わりや体型の変化など、FTMのトランスの過程では共通した悩みが多い。男女の特徴が重なっている時期は、電車の中でも道を歩いているだけでも他人から「どっちなんだ?」と詮索される。ひそひそ話もしょっちゅう体験する。その注目度の高さからくるストレスは誰にとっても辛いものがある。女子トイレや更衣室などでは、痴漢に間違われる確率も高い。かといって、男子用に入るにも不安が強い。こんな中、神経過敏になってしまって、どうしても自己肯定しにくくなる時期がある。たかが、男に見えるか女に見えるかというだけなのに、世間では性別を人物評価の基準として採用する。このことへの戸惑いにも直面する。

結婚し、子どもを出産した経験のあるFTMもたくさんいる。そういう人に対して、母が父のようになることが子どもへのストレスになるとしてホルモン投与や手術などの医療サービスを禁止する動きが、医療関係者、一部の当事者の間にすらある。しかし、子どもたちはたいてい一生懸命に自分の親を理解しようとしている。こういう子どもたちの意思も、本来は尊重されなければならないはずだ。「子の福祉」のためという大義名分で性別越境を禁じようとするという流れの中で、そうありたい姿で自由に生きてゆくことのできない親の苦悩を「自分のせいだ」と感じながら身近に見てゆかなければならない子どもたちがいる。彼らにとっての「本当の福祉」はどこにあるというのだろう。

さらに同じ「セクシュアルマイノリティ」といえども、FTMはゲイコミュニティにもレズビアンコミュニティにも、それほど理解されていないのが実情だ。男にさえ見えれば黙っていてもゲイコミュニティには出入りできるだろう。だが、レズビアンコミュニティでは排除される可能性もある。「見た目が男性である＝女性ではない」という乱暴な二分法によるものだ。セクシュアルマイノリティ同士だから分かり合っている、というのはただの幻想にすぎない。

自分たちが作り上げたコミュニティの中に、異物とみなされるトランスジェンダーが入ってくるということについてアレルギーにも近い不快感を持つレズビアンやゲイも意外に多い。そもそも他者からの差別を避けるため、レズビアンやゲイのコミュニティが閉鎖的に形成されていった歴史のためとも思えるが、逆に差別を再生産してしまっている現状がある。「セクシュアルマイノリティの連帯」が盛んにうたわれている中で、実際の相互理解はまだまだではないかと思う。また、レズビアンコミュニティの中で「性別適合手術済み★」とＦＴＭを詐称する男性にレイプにあったＦＴＭたちもいる。彼はレズビアンではなく、単なるヘテロセクシュアルの男性であった。様々な人々と友好的なネットワークを作りたいという思いの一方で、こうした一部の人の犯罪的な振る舞いが元になって偏見が生じてしまい、相互の理解が阻害されている現状には憤りすら感じる。

トランスジェンダーは性別越境者である

私は大きな声で「普通に生きよう！」とは言いたくない。「普通の女」「普通の男」として生きたい人はそうすればいいが、押し付けられるのは嫌である。個人の表現の一形式としてジェンダーの越境も認められるべきである。自分で責任が取れる範囲内ならどんなふうに生きようが勝手なのだ。そして、言うまでもなく、そのような人々も他者に自分の価値観を押し付けるべきではない。

トランスジェンダーは犯罪ではない。生まれついた性に見えないことは、何も他人に迷惑をかけない。それなのに、精神科医にかかり「性同一性障害」と認められなければ、国内で性別適合手術を受けることができない。その結果、タイやアメリカ、カナダなどで手術を受ける当事者は数多い。海外の方が手術の件数が圧倒的に多いため、症例をこなした医師たちの外科的な技術が高いという説もある。タイで手術を受けたMTFの人の話では、タイではトランスジェンダーに対する社会的な認知もあり、かなり優雅な入院生活だったらしい。しかし、渡航費用、手術費用、入院費用などはひじょうに高額である。術後は仕事を休んで、療養せねばならないため、その間の収入は保証されない。人によっては言語の不自由さもある。しかし、いわゆる国内の「闇」での手術（当事者内では自由治療ともいわれる）はリスクが高い。そして、いわゆるガイドラインに乗った正規ルートの証明書が出せなければ、新法による書類上（戸籍）の性別変更ができないという恐れもある。

★性別適合手術　*sex reassignment surgery*（ＳＲＳ）　性別再指定手術。性転換手術のこと。生殖器を取り去り、性器の外観を希望する性別に似せるところまでを言う。

私は個人を基盤にした社会的な保障があればいいと考えている。家族や夫婦を一つの括りとせず、全ては個人に対する保障であるべきなのだ。しかし、法律は個人よりも戸籍を一つの単位として優先している。これはひじょうに残念なことである。トランスジェンダーは性別越境者として自分で自分の人生を選択して生きている。しかし、国家はそうした個人のあり方を許さない。国家を支える多くの人々の意思も同じである。

もっと自由な選択ができる安心できる社会を！　私の願いはそれである。

トランスジェンダーとしてのカムアウト

私は二〇〇三年九月一五日、クモ膜下出血と脳梗塞で倒れた。たまたまパートナーを含む五人で日本海側に旅行中のことだったおかげで、すぐにイビキがおかしいと発見してもらえ、救急車で運ばれた。運ばれた先は、脳外科の医者が宿直の病院で、私はラッキーにも一命をとりとめることができた。最初の病院では緊急だったので個室。皆理解のある友達ばかりだったので、男性ホルモンを摂取している私が一見男性に見えるＦＴＭトランスジェンダーであることを病院の人たちに告げ、事なきを得た。

しかし、大阪市内への転院の時、友達が転院先を探してくれたが「トランスジェンダーなんですが……」と切り出すと「前例がないから受け入れられません！」「会議にかけてみないと……」「院長に聞いてみないと……」「難しいですね……」と何軒もの病院からネガティブな反応を受け、拒否を食らった。電話をかけてくれた友達は、あまりのことに泣いたと言っていた。それはそうだろう。命がかかっている時に医療サービスも簡単に受けられないなんて悲しい話である。確かに移行が中途半端でパスしていない当事者の場合、病院側の混乱も避けられないだろう。その病院の心配は分からないわけではない。しかし私はパスしていることもあり、友達が努力してくれた結果、良いリハビリ病院が見つかり、無事転院することとなった。

転院先では最初個室だったが、経済的に苦しいので男性用大部屋に入れて欲しいと頼み、スムーズに入れてもらえた。やはり見た目が男になっているので、女部屋に入ると同室の人にストレスを与えてしまう。無理解な状況があるのも分かっている。それに、もしも女性用大部屋しか入ってはいけなかったら、変な眼差しで見られ、いちいち説明して回るだけで疲れたはずだ。しかも説明したとしても、理解が得られるかどうかは分からない。体調も日常通りではなく、まだまだ体力も気力もない状況の中で病院の配慮は有難かった。

すでに同じ年にたまたま改名を済ませていたのもラッキーだった。「田中玲子」が「田中玲」となり、もちろん健康保険証も「田中玲」だったので、病室前やベッドの上に貼られる名前は「田中玲」となり、煩雑な交渉をしなくて済んだ。それに最初は車椅子だったが、トイレも男性用で了解してもらえ、お風呂は基本的には大風呂なのだが、一人か付き添いとだけ一緒に入れる浴槽があったので安心だった。結局は病院も、施設が十分整っているかどうかという問題があるのかも知れない。もしも大風呂しかなかったら私は利用できなかったと思うからだ。しかし、もう少し積極的に取り組んでもいいのではないかと思う。誰の命であれ、命を救うことが病院の使命であるはずだから。

そんな私の快適療養生活だったのだが、男性用大部屋に移って、お見舞いに来た両親が気付かないはずがない。父親は他人に興味のない人なので気付かなかったが、やはり母親が気付いた。そこで母だけに「実はトランスジェンダーで男性ホルモンを打ってるんや」と言うと「男性ホルモンなんて打たんといて！」とわっと泣かれる始末。「自分で決めて始めたことやし、幸せなんやからいいねんで」と言ったが「お父さんにも誰にも言わへん！」と決意を語られ、私も気付かない父に言うつもりはなかったので話はそこまでとなった。

私はてっきりそれが初めてのカムアウトだと思っていたが、最初の病院ですでに一度母にカムアウトしていたらしい。最初の病院での記憶が全くないが、母とすれば二度のカムアウトはいい迷惑だっただろう。私は母に分かりそうな言葉を選び「新聞とかでよく取り上げられてる性同一性障害っていうのがあるやろ？　あんな感じやねん」と整然と言っていたと後で友だちに聞いた。記憶もないのに私もよく説明したものだと思う。それだけ自分にとっては大切なことなのだなと改めて認識させられた。いずれにしても一緒にいたパートナーや友達には過剰なストレスを与えてしまった。自分ですでにカムアウトしていればそんなこともなかっただろうが、そんな非常事態が起こるとは思っていなかったのだから仕方ない。

　それからも母からはよく電話がかかってくる。「玲子、元気か？　元気ならええんやけど」という簡単なものだが、「玲って呼んで」と言うと「玲子は私にとっては玲子なんや！」と受け付けてもらえない。乳房はまだ切除していないのでナベシャツ★を愛用しているが、声変わりし、体毛が濃くなり、体付きも男性的に筋肉質になった私が「玲子」と呼ばれていることは本当に奇異だ。しかし、母が納得しないので、とりあえず私も一緒に外出することは避け、仕方なく受け入れている。これからゆっくり時間をかけて話して、分かってもらうしかないだろう。

　いずれにしても私のカムアウトはハプニングで偶然済んだ。年に一、二回しか会わない両親には離れているのにフォローする自信もなかったし、面倒だったので言うつもりはなかったのだが、生きるか死ぬかという局面に来ると言わざるを得なくなった。これまで両親と会うときはちゃんとひげを剃り、ナベシャツでぺったんこの胸が目立たない服装を身に付け、声変わりの時も「ポリープちゃうか?」と何度も聞いてきた母に「検査したけど、医者はどうもない言うてたよ」と答えて誤魔化してきた。

しかし、よく考えると、私が急死した場合、カムアウトしていないと現在同居しているパートナーに苦しい思いをさせることになってしまう。私のパートナーは同じFTMのゲイのアメリカ人だ。私は男性化を自由診療でしており、いわゆる「性同一性障害」治療の正規ルートをとっていない。「女」としてカテゴライズされ生きてきたことは大切にしたいので、戸籍上の性別を変更するつもりもない。もちろん「普通の男」としてなど生きたいとは思わない。しかし彼はカリフォルニア出身で下半身の性器手術をしていなくても、ホルモンを打ち胸さえ取っていれば、公的に性別を男性に

★ナベシャツ　胸を押さえつけるために、オーダーメイドで前ナイロンファスナーで開閉、着易くぴったりしたシルエットの、肌着として着るコットンのベスト。大阪府八尾市の「洋服のオカ」が発明したことで有名。一九七二年、洋服の仕立てに出向いていた大阪市内キタとミナミの水商売のオナベの人の依頼で考案し、誕生した商品。今はベーシックなコットンだけでなく、メッシュや迷彩など種類も増え、インターネットでも販売している。http://www.nabeshatu-yofukuoka.com

変えられる。そのため、私が「妻」になる覚悟を持てれば結婚できなくはないが、二人ともポリガミー★であり、政府に管理される結婚制度を利用したくはないので、今は冗談で終わっている。だから公正証書★を作って対応しようと今は思っている。

クモ膜下出血と脳梗塞のおかげで、今回は本当にいろいろ考えさせられた。今後病気で入院した時のことや、半身不随など身体障害になってしまう可能性のこと、財産分与のこと、葬儀のことなど考えなくてはいけないことがたくさんある。私は幸運にも何の障害も持たず普通に復帰できたが、両親や親戚が介入してきた時、どう対応するか。公正証書の力は弱いが、弟と妹には話してあり、理解はある。妹は結婚して子どももいるが、パートナーには話してくれている。両親より長生きできれば問題は少なくなるだろうが、まだ問題は山積している。カムアウトはカムアウトだけでは終わらない。カムアウトが全ての始まりなのだ。

★ポリガミー *poligamy* 複数の人と関係を持つことが可能な付き合い方。「一対一」＝モノガミーを優先しない関係性。もともとはイスラム教、モルモン教などの一夫多妻制を表す。

★公正証書 公証人を立てて他者と契約した証書のこと。同性婚ができないゲイやレズビアンの中ではパートナーとの関係を確保する一形式。

ポリガミーという生き方

私はFTM系のトランスジェンダーなのだが、ポリガミー（一対一の関係を優先させず複数の人と関係を持つ人）でパンセクシュアルまたはポリセクシュアル（相手の性別に関係しないセクシュアル・オリエンテーション。ヘテロセクシュアル女性、ヘテロセクシュアル男性、レズビアン、ゲイ、バイセクシュアル、FTM、MTF、FTX、MTX、インターセックスと対象の線引きは全くなく幅広い）のバリタチ（セックスにおいて受けにならない攻める側）である。

ポリガミーのことを知らない人に説明すると、「それって浮気するっていう意味？」と尋ねられることがある。浮気とはモノガミーの概念だ。一対一で絶対お互いのことを一番に考え、セックスも二人の間でしか行わないと決めた貞操義務のある「夫婦」のような間柄で、第三者と関係を持つと「浮気」と言われることだろう。ポリガミーは、他の人と恋愛しようがセックスしようが自由。開かれた関係なのだ。だから、嫉妬心の強いモノガミーの人はポリガミーに向かないし、ポリガミーの人と付き合うと関係が混乱するはずだ。

私は誰かとセックスの関係を持ったことについて嘘はつかない。コミュニケーションの一つだと思っているので悪びれたりもしない。いつもオープンなので人の反感を買うこともあるが、それはモノガミー文化の強い社会だから、仕方ない。みんながポリガミーだったらいいのに、と思ったりはするが、そうすると世の中の恋愛ドラマの大半はなくなってしまうだろう。

セックスのある関係は特別なものではない。お茶を飲んだり、ごはんを食べたり、遊びに行ったりといったことでも、積極的に一緒にしたいと思う人から絶対一緒にしたくない人までいる。私にとってセックスはその延長線上にある。しかし、ポリガミーに重要なのは特にセックスというわけでもない。大切に思える大好きな人たちと楽しい時間を過ごすことができること。そのことで後ろめたい思いなどしなくてもいい。それがポリガミーだと私は思っている。

今のパートナーは私と同じポリガミーだ。だから、すごく気が楽だ。パートナーは同じＦＴＭ系なのだが、ゲイを自認する人でクラブに踊りに行ってはカッコいい男を引っ掛けようと努力する。時々引っ掛けた彼を同居する家に連れて帰り、私と挨拶することもある。私もいろんな人を家に連れてくる。デートの時はちゃんと報告し「今日は～に会いに行くよ」というと「楽しんできてね！」とお互いを送り出している。しかし、私とパートナーは、何故か分からないが、ポリガミーでありながら「パートナー」で、そこが面白いなと思う。

人との関係性とは信頼関係だ。セーファーセックス★はもちろん重要だが、いろんなことを正直に話すことができ、お互いリラックスできる空気を作れること。お互いの楽しみを大切にできること。そうしたことを私たちは何よりも大切にしている。生きている限り、素敵な人との出会いはたくさんある。世間一般ではモノガミーへの幻想が相当強いが、私は今、ポリガミーであることを本当に幸せだと思っている。

★セーファーセックス safer sex　ＨＩＶやＳＴＤ（性感染症）の感染を防ぐため、精液・膣分泌液・血液と粘膜の接触は避けた方がいい。そのため、コンドーム、女性用コンドーム、クニリングスやアナリングスなどオーラルセックスの場合のデンタルダム（15cm四方位にカットされた薄い歯科医用ゴム膜）、サージカルグローブ（手術用ゴム手袋）など、ほとんどラテックス製のセーファーセックスグッズを使って、比較的安全なセックスをすること。ラテックス製にアレルギーのある人の場合には、ポリウレタンやニトリルでできたものもある。種類によってはキッチン用ラップも使える。ＳＴＤやＨＩＶウイルスの感染を防ぐためには、一人との関係に絞るより、定期健診をし、セーファーセックスをすることが望ましい。なぜなら、相手も自分もそれまでセックスの経験が本当になかったら別だが、たいていの人はセックス経験がある。そのため、セーファーセックスを最初からしなければ、過去のことも含めてリスクを負わなくてはならないからだ。

パートナーの親に会いに、アメリカへ行く

二〇〇五年七月、アメリカ人のＦＴＭのパートナーと二人、一緒にアメリカ合州国に行った。海外旅行は久しぶりで、トランスしてからは初めてだったので、少しドキドキしながら大阪のパスポートセンターに行く。私はわざと髭を生やした姿で写真を撮り、性別欄に「Ｆ（女性）」と書いてあるパスポートを作りに行った。しかし、係官は意外に平静で、「女性」と大きく書いてある紙を私に見せながら、静かに「女性ですよね？」と聞き、「はい」と返事をすると何事もなかったかのように処理してくれた。少し困ったのが旅行会社だ。飛行機のチケットを取る時、ネット上で性別を二人とも「男」として取ると、メールで「パスポートのコピーを送って欲しい」と何度も連絡が来た。しかし、パスポートのコピーをＦＡＸで送るとすると二人とも公的書類上は女性であることがばれてしまう。だから、そこは苦肉の策で、

「今大阪にいないからパスポートが手元にない。出発日の前日家に帰るので間に合わない」と嘘をつく。すると「ＭＲ（男性）」表記のチケットを作ってくれ、何事もなかったように、飛行機の受付を通る。それは乗り換えの韓国・ソウルでも、ロサンジェルスでも同じで助かった。

ロサンジェルスではインターネットのゲイサイトで見つけたゲイにフレンドリー★なホテルに宿泊する。受付の女性がダイク★っぽい人でほっとする。しかし、宿泊客は家族連れが多く、なぜかほとんどヘテロセクシュアルの人のようだった。

それから、パートナーのパスポートを「Ｍ（男性）」表記に変えてもらうため、ロサンジェルスのパスポートセンターに行った。すると、そこで変更に失敗。日本の病院でわざわざ英語の診断書を書いてもらっていたのだが、彼はタイで手術しているために、タイの病院の診断書が必要だと言う。おまけに、日本の病院のものが白紙にワープロで打ち込まれているだけで、その病院の用紙に書かれていないから駄目なのだそうだ。アメリカも意外に事情は厳しい。パートナーはネットで、パスポ

★ゲイにフレンドリー　「ゲイに友好的な」という意味。
★ダイク　*dyke*　クィアなレズビアンを指す言葉。

ートの性別変更ができるという情報を入手していただけにがっかりだった。

そしてロサンジェルスのゲイタウンへ。ゲイ専門の本屋に行き、カフェでゆっくりランチを取ることにする。道をなんとなく眺めていると、青年から中高年のゲイ・カップルが何組も手をつないで歩いている。さすがアメリカのゲイタウン。日本の新宿二丁目や堂山ではそんなに可愛く手をつないで歩いているカップルは見たことがないので、感心する。

一番驚いたのはロサンジェルスにはホームレスの人が多いことだ。移動手段は主にバスを使っていたので、どちらかというと収入の低い層が多い。人種もいろいろ。高所得者層が多い自家用車を使う白人は、バスにはやはり少ない。そんな中、若者から中高年まで、もちろん男女共に気軽に「お金持ってない?」と声をかけてくる。ある時、バスに乗ろうとバス停に行くと、アフリカ系のホームレスのおじさんが座っていた。パートナーの持っているレストランから持って帰ったサラダのパックに目を付け「それくれよ」と言う。パートナーはすぐそのまま渡したが、その人は早速食べながら「俺はなあ、白人と日本人は嫌いなんだ」と言う。もちろん私たちを白人と日本人と分かっていてだ。「俺は日本人に歯を折られたんだ」と延々となぜ日本人が嫌いなのかを述べ始めたので、私は呆れて遠ざかっていった。しかし、パートナーは親切にずっと話を聞いている。ちょっと心配だったがそうこうしているうちにすぐにバスは来た。すると、そのおじさんもなぜか乗ってくるではないか！　料金も払わずに！　そして私たちのまん前に座り、また御託を並べ始めた。「ホテルまで付いてくるんじゃないか」そう思うと苦痛だったが、おじさんは自分のテリトリーがあるのか、すぐに下りて行った。

昼間は海岸を散歩したり、エロティック・ミュージアムに行ったり、ＬＧＢＴセンターに行ったりした。ＬＧＢＴセンターは世界最大と言われているもので、ハリウッドの真ん中にあり、日本の女性センターほどの大きさがある。入り口にはレインボーの垂れ幕が下がっていて、いかにもな感じ。中に入ると専従職員が何人もいて、ライブラリーや各種相談室などがある。今、日本では行政の支援も受けられず、大阪のＱＷＲＣ★や東京のＬＯＵＤ★などを当事者が自費で一生懸命運営するしかない

★ＱＷＲＣ　クィアと女性のための資料センター　通称・クォーク。第4章参照。

★ＬＯＵＤ　レズビアンとバイセクシュアルの女性のためのスペース・ＬＯＵＤ　一九九五年、三人のレズビアンの手によってオープンしたコミュニティスペース。いろんなグループに時間割でスペース貸しをしており、有効な交流の場となっている。http://www.space-loud.org/loud/

現実があり、すごくうらやましかった。

しかし、気になったのは、アメリカ合州国の右翼勢力の強さだ。別に祝日でも何でもないのに星条旗を掲げている家が多い。そして、わざわざ自家用車に星条旗を堂々と付けている車や、レッドリボンを模したような星条旗リボン。しかもそこには「我々の軍隊に神様のご加護を！」とメッセージが書いてある。これならこの国でブッシュが力を持っているはずだなと納得した。

ＬＡでそんな四日間を過ごした後、今度は電車でサンディエゴの近くにあるパートナーの両親の家へ。もちろん両親は私が彼のパートナーでＦＴＭトランスジェンダーであることは知っていて、歓迎するというメッセージはもらっている。そんなふうに会って親に紹介されるのは初めてなので緊張したが、駅までは両親そろって車で迎えに来てくれた。パートナーはトランス前はダイクだったが、トランスしてゲイになった。本人のアイデンティティーは「おかま」だと言う。以前、両親はパートナーのことを心配して、「わざわざトランスしてゲイにならなくても、ダイクのままでいいんじゃないの？」と言っていたそうだ。両親は「普通」の感じのアメリカ白人だったが、それもあって、セクシュアリティのことにはわりと理解があるんだなという印象だった。

お母さんは乳がんの末期だと聞いているが意外に元気そうで安心した。しかし、夕食の時、弁護士である父親が普段のストレスからかしゃべりまくり、他人の話は聞かず、就寝時間までそれがずっと続くことになる。しかも、母親はあまり食べないのにお酒を飲み続け、その場で居眠りをし始めた。そこで心配した私たちはもう寝ることに決め、母親にそう告げた。すると、お母さんは自分の子どもであるパートナーにぎゅっと抱きつき、キスと涙、「I love you!」の嵐。約一〇分間ほどそれが続き、やっとパートナーは解放された。

次の朝、トイレに入っていると、パートナーと私に与えられた部屋から誰かの声がする。お母さんが犬を連れて起こしに来たらしい。しかもノックもなかったらしく、私はびっくりした。パートナーは「自分一人だけだったら、シャワールームにもトイレの最中にもノックをせずに入ってくるよ。大体質問は一つだけ。『今日のプランは?』別に急ぎの用でもないはずなんだけど」と言う。夜にはパートナーと二人で入っているジャグジーをのぞきに来た。私はあまりの依存度の深さに怖くなった。両親の家に滞在している間は毎日毎日がそんな調子。屋外のジャズライブに四人で出かけたり、町を散策したりはできた。しかし、母親も父親も彼を男性名で呼べない。努力はしているようだが、五回に四回くらいは「she（彼女）」と呼ばれ、女性名で呼ばれたりもする。その上、狭い町でパートナーの昔の知り合いに偶然会うたびに、何も気付かず昔の女性名で呼ばれたりするのを見て、私はほとほと疲れてしまった。それはパートナーも同じだったようだ。「ありがとう。来てくれたから助かった。一人だったら五日も滞在できなかったと思う」。

そして、ロサンジェルスに移動の朝。一人の母親の友だちから電話がかかって来て、パートナーが出ることに。すると、「お母さんは乳がんで痛くて苦しいはず。私は何とか完治して転移はしなかったけど、同じ病気だったからよく分かる。だから、一日でも長くそばにいてあげて！」とわーっと泣かれる始末。でも、もう私たちは飛行機のチケットは取っているし、帰った次の日からは仕事を入れているので、絶対に帰らなくてはならない。もう疲れてしまったし、一日くらいはゆっくりと時間を過ごすことが必要だ。パートナーは何とかそのおばさんからの電話を切り、両親の勧めてくれたサンタ・モニカ山脈のふもとにあるミュージアム、ゲティ・センターへ。山の上にある綺麗な建物で、すごく広い中央庭園が目の前に広がっている。庭で他の客と一緒にゆっくりしていると、ゆるやかな坂になった芝生の上を子どもたちがきゃあきゃあ言いながら、横になってごろごろ転がってくる。パートナーはたまらなくなり、自分も芝生の上で手を伸ばし横になって思い切りごろごろ。気分転換になったようだった。

それから、ネットで予約したゲイのゲストハウスへ。今回は当たり。可愛いゲイ・カップルが運営していて、部屋の趣味も最高にいい。うれしくなって、夕食はオーナーに勧められたメキシコ料理屋へ。するとそこで、ポラロイドを持ったおじさんが写真を撮ってくれるという。お金を請求するので、私たちは二ドル渡した。すると「このカメラは高いんだ。しかもこれはすごくいい写真だ。七ドルは欲しい」と言う。ポラロイド一枚に七ドル！　あり得ない！　そこで「もうお金がないから」と言うと、「レストランからお釣りが出るまで待ってるから、くれよ」ときた。それを聞いて、パートナーは「じゃ、この料理食べる？」と提案する。するともちろん「うん」の答え。渡すともちろんすぐにむしゃむしゃ食べている。そんなこんなでもめていると、お店のスタッフが中に入り、食料品を袋に包んであげている。「食べ物もらえたの、よかったね！」というと「何ももらってないよ」と嘘の答え。

そして、とりあえず店の外に出て行った。お店の人に聞くと、彼はアルコール依存症だという。しかし、彼はまた店の人の目を盗んで入ってきた。店の前で待ち伏せされるのではないかと気が気ではなかったが、おじさんは他の客にまとわりついてるようで無事だった。パートナーは、そのおじさんに写真を撮ってもらって良かったのかどうか悩んでいる。「アルコールに消えるなら、お金を渡したのが良かったかどうか分からないね。断った方が良かったかな」と後悔している。私は「おじさんはしたいようにするだけ。仕方ないよ。それなら余計二ドル渡しただけで十分だと思う」となぐさめた。

次の朝、予約していた乗り合いタクシーにホテルまで迎えに来てもらい、空港へ。途中で乗ってきた日本人の女性一人と男性一人は別々の客だったが、一緒の太鼓を叩くフェスティバルに偶然招かれていたようで、盛り上がっていた。話していると、女性の方がパートナーの友達の友達ということも分かり、ロサンジェルスで会えるなんて偶然にしてはすごいとさらに盛り上がる。

毎日毎日、本当にいろんなことが詰まった一〇日間だった。感情がよく分からない父親と依存的な母親との関係の、パートナーの大変さが身にしみるほどよく分かったし、人種間の貧富の差やアメリカの右翼勢力の強さもよく分かった。トランス後初めての海外旅行は、一昨年クモ膜下出血と脳梗塞を起こした自分の体調もあり、心配だったが、何とか無事に帰ってきた。私は私の立場から何を働きかけることができるだろう？　それを本当に真剣に考え始めた。

第3章◎「性同一性障害」を超えて、性別二元制を問い直す

「性同一性障害」を超えて、性別二元制を問い直す

『トランスジェンダリズム宣言』

現状として、今、この国ではトランスジェンダリズムがかなりの劣勢である。現に、「トランスジェンダー」「トランスジェンダリズム」という言葉を聞いてピンと来なくても「性同一性障害」なら知っている、日本語を第一言語とする人の中にはそういう人の方が圧倒的に多いだろう。

ここ一年（二〇〇二～二〇〇三年）だけに限っても「性同一性障害」関連のニュースを順に追っていくと、テレビドラマ「3年B組金八先生」（パート6）でアイドル・上戸彩が演じたFTMのキャラクター「鶴本直」の登場と人気、全日本モーターボート連合会が女性選手・安藤千夏選手を男性選手・安藤大将選手として登録したこと、東京都小金井市、府中市、埼玉県新座市、草加市、鳥取市などが、自治体発行の証明書や住民が提出する申請書から可能な限り性別記載欄を削除するよう議決した一連の動き、MTFの性同一性障害者である上川あやの東京都世田谷区議への選

『トランスジェンダリズム宣言　性別の自己決定権と多様な性の肯定』
米沢泉美［編］　社会批評社刊　2003年

出、日本で最初にジェンダークリニックを設置した埼玉医科大学で性別適合手術を受けた三〇代のＦＴＭが戸籍の性別の訂正を求めた家事審判の特別抗告における最高裁での敗訴など、枚挙にいとまがない。

その極めつけが国会での「性同一性障害者の性別の取扱いの特例に関する法律」（以下、特例法）の可決だ。これは、自民党の南野知恵子議員らが中心となった与党プロジェクトチームを母体とし、与党三党が国会に提出した法案が、特例法として衆院本会議で可決され、成立したものである。

その内容は数年前からトランスジェンダー・コミュニティで議論の的であった神戸学院大法学部教授・大島俊之素案の三要件（一、「性同一性障害」と診断されている。二、性別適合手術を済ませている。三、届出時点で未婚である。『性同一性障害と法』（日本評論社）参照）よりはるかにひどい。今回の法律は、「フツウの女」「フツウの男」になって生活したいと願う「埋没系」の「性同一性障害者」を既存のシステムに取り込んで戸籍制度の維持強化をはかり、そこにおさまらない人々を退けるばかりか、当事者間に分断を持ち込み、さらなる差別を生み出す装置となりかねないものである。

しかしわずか二カ月ほどの短期間で成立したこの法律をめぐっては、トランスジェンダーコミュニティでも、ほとんど議論をする機会を作ることができなかった。『トランスジェンダリズム宣言——性別の自己決定権と多様な性の肯定』は、そういった中で日本で初めてトランスジェンダー当事者たちの手により、トランスジェンダーをめぐる諸問題が多角的に検証され、問題提起が行われた本である。この時点ではほぼ知らされていなかったこの特例法の要件そのものや立法への運びをめぐって、今、当事者の間では激しい議論が巻き起こっている。それどころか、立法後の現在も運動の中で深い亀裂が走り、「性同一性障害」概念の下に立法を推進した活動家の間でさえ深刻な対立が生じている。これは奇しくも本書に収められているトークバトル「トランスジェンダリズム宣言」の席上でパネラー・三橋順子が予言した通りの結果である。

『トランスジェンダリズム宣言』は、立法をはじめ、圧倒的な勢いで「性同一性障害」概念が席巻する現状の中に生まれた、「性同一性障害」概念を運動の中心に据えないトランスジェンダリストたちの「宣言」である。

「トランスジェンダー」とは、編者の米沢泉美の定義によると「ジェンダーアイデンティティがセックスや与えられたジェンダーと一致しなかったり不安定だったりする状態を、ジェンダー表現を変更することで解消しようとする人」である。「性同一性障害」は基本的に医学上の診断名であり（立法化により法律上の概念ともなったが）、「トランスジェンダー」という語には「性別」についての、社会的、文化的、身体的なあらゆる多義的な概念が含まれている。

ちなみにアメリカ合州国やカナダ、ヨーロッパの国々では、「性同一性障害」という医療概念を当事者がアイデンティティとして運動を組み立てている地域はない。そのことから考えても、日本の運動の主流が医療と密接に結びついた形で進められてきたことが読み取れるだろう。しかし、この『トランスジェンダリズム宣言』が提示する運動の形は、「性同一性障害」を中心に立てる日本の主流派の運動とはおのずと方法論を異にする。

本書では、トランスジェンダーを取り巻く医療、法律、歴史、社会問題、アイデンティティ論などが幅広く論じられている。米沢の自己決定権からの議論や住基ネット廃止運動への提言、筒井真樹子の理論研究、三橋による精緻な歴史的実証研究、いつきによる在日朝鮮人問題と部落問題での経験をベースとする運動の方法論の展開など、注目するべき論点が数多い。特例法立法化直前の刊行であったため、状況に大きな変化が起こった今ではすでに古い議論になってしまった部分があるとは言え、「性同一性障害」概念に基づいた運動に警鐘を鳴らし、日本のトランスジェンダーの運動に対して新たな可能性を提起するものとして、本書はおそらく日本のトランスジェンダー史の中でひとつの古典となりうる力を持っている。

さらに、非当事者からの発言としては、性同一性障害に関する診断と治療のガイドライン第二版を制定した日本精神神経学会「性同一性障害に関する第二次特別委員会」委員長・中島豊爾へのインタビューや戸籍研究者・佐藤文明による戸籍そのものへの問題提起など、興味深い原稿も掲載されている。全編にわたって、今後、トランスジェンダーの運動の中で議論されていくべきテーマがかなり幅広く抽出されており、ひとつの議論の基点となっていくのは間違いないだろう。

しかし、惜しむべき点が三点ある。

まず一つは、編者を含む当事者である執筆者たちがＭＴＦのみで構成されており、ＦＴＭの執筆者が起用されていないだけでなく、ＦＴＭについての言及もほとんどなされていないということである。女性と男性が社会的にも非対称的な存在であるのと同様に、女性として社会化されてきた歴史を背負うＦＴＭと男性として社会化されてきた歴史を背負うＭＴＦでは、単に「逆パターン」というだけでは済ませることのできない差異がある。それは「同性愛」という枠の中でのレズビアンとゲイの非対称性や女／男の性別二元制下における非対称性に近似していると言えるものだ。

残念ながら、本書の各論文の記述におけるＦＴＭについての記述は「付記」の域を出ず、一章のスペースさえ与えられていない。これをあえて『トランスジェンダリズム宣言』というなら、『ＭＴＦトランスジェンダリズム宣言』というほうが相応であろう。ＦＴＭの筆者を起用できない、あるいはＦＴＭについて言及できなかったのならそれはそれとして、明示して欲しかった。

二つ目には、米沢と筒井によるジェンダーブレンダー★、サードジェンダー★についての言及がありながら「トランスジェンダリズム」の枠内での位置づけと掘り下げ

★ジェンダーブレンダー　*gender blender*　性別を混ぜる人という意味。ジェンダーを混ぜてしまい、既成の性別概念を超えた生き方を選択する人。

★サードジェンダー　*3rd gender*　「男」でもなく「女」でもなく、第三の性として規制の性別概念を超えた生き方を選択する人。

方が浅い感が否めないことである。筒井の言うように、トランスジェンダーの運動が「男でも女でもない性別をむしろ肯定的に捉え、その存在を主張していく動きである」ならば、執筆者がどのような人員構成であれ、「トランスジェンダリズム宣言――性別の自己決定権と多様な性の肯定」というタイトルの下には、個人個人の経験や思いを超えたところで、性別二元制の枠と表現におさまりきれない多様な性のあり方を映し出す努力が一層必要となっただろう。先に挙げたことと連動するが、当事者である執筆陣が女性のジェンダー表現を採用している人物ばかりであるためなのか、やはり全体として内容が女性ジェンダー表現志向の強いＭＴＦの立場がベースの作りとなっている。そのことによって本来トランスジェンダリズム的立場のひとつの象徴的存在とも言えるジェンダーブレンダーやサードジェンダーなどの持つ過激な政治性の提示が弱まっている感がある。本書の執筆陣ではここに最も力点を置いている論者である筒井の今後の理論展開に特に期待したい。

三つ目としては、先にも述べた米沢のトランスジェンダーの定義につながるのだが、仮にも「個人の性別は自己決定権で捉えるべき」（米沢）と標榜するのであれば、トランスジェンダーであることの前提として、性別に対する違和や不安、あるいはジェンダーアイデンティティとセックスの不一致や不安定が必要なのかどうかという根本的な問いについて、もっと議論を推し進めるべきだったのではないかということが挙げられる。現在主流の「性同一性障害者」運動の影響を受けてのことなのか、あるいは執筆陣の個人的実感からなのか、本書の中では性別への違和や不安に関する記述があまりにも多い。

もちろん、ジェンダー表現を自己決定権の問題として捉える捉え方は、「性同一性障害者」を主体とする権利運動にはほとんどない視点である。その点は積極的に評価したいが、性別違和を基礎とするのかそうではないのかというところで、運動の立て方自体も大いに異なってくるのではないか。だからこそ、この「線引き」についての議論の深化は必須である。

しかし、これらの論点を残しながら、なお、この時期に本書が出版された意義は大きい。トランスジェンダリズムはこの本の執筆者たちが異句同音に語っているように「性同一性障害」や戸籍上の性別変更だけに集約されるような問題ではない。今回の立法を受けて、現実の運動の中で「トランスジェンダリズム」がどのような新しい地平を拓いていけるのか、今後の執筆者各氏の活躍が期待されるところである。「宣言」だとすれば弱々しく感じざるを得ない「性別をゆるやかに、あいまいに考えよう」という米沢の提唱にとどまることなく、問題のありかを当事者の側から社会へと転化させ、現在の運動のパラダイムを変えるほどのラディカルなトランスジェンダリズムの議論を、パワフルにともに具体化していきたいものである。

性同一性障害者の性別の取扱いの特例に関する法律をめぐって

「性同一性障害者性別取扱特例法」★（資料1）が施行された。その特例法においては以下の要件を満たす人のみが家庭裁判所に戸籍の性別の取扱いの変更の審判を求めることが出来る。①二〇歳以上であること、②現に婚姻をしていないこと、③現に子がいないこと、④生殖腺がないこと又は生殖腺の機能を永続的に欠く状態にあること、⑤その身体について他の性別に係る部分に近似する外観を備えていること。

この要件をあなたは「戸籍上性別変更するくらいなら、それは当たり前だ」と思うだろうか？　つまり、今、この国で優遇されるのは、子どもを持たず、結婚はせず、完全に性転換している人だけなのだ。その人たちは戸籍上の性別さえ変更してしまえば保守的に社会に埋没して生きていくことができるだろう。

★**性同一性障害者の性別の取扱いの特例に関する法律**　二〇〇三年七月二日可決成立、二〇〇四年七月一六日施行。初の適用は同年七月二八日那覇家庭裁判所が二〇代のＭＴＦ、同年八月二七日ＦＴＭに初の適用（東京家裁）。

しかし、当事者の間では、全ての人が恩恵を受けたわけではなく、逆に、はがゆい思いをした人も多い。なぜなら、その大きな一つの要因としては、意外かもしれないが、元の性別で子どもを作り、すでに親になっている人も多いからだ。それはＦＴＭもＭＴＦも同じ。今は「男」として通るのに子どもの「母親」だったり、「女」として生きているのに子どもの「父親」だったりするわけだ。子どもからすると、自分がいるために親が性別変更できないという状況に置かれることになる。「子どもが混乱するから、子持ちの人の性別は変えさせない」という考えがあるようだが、戸籍を変更する前に、当然、実際にトランスして行く当事者がほとんどなのが現実だ。生活上、見た目に大きな変化のあった親を目の当たりにしながら、子どもがいるから性別変更のできない親たち。子どもたちからは「じゃあ、私が死ねばいいの?」という声が聞こえる。本当に「子の福祉」を考えるなら、これは何よりも先に除外した方がいいだろう。

そうしたことから始まって、各々の要件について「いらない」という当事者は少なくない。「性は人権ネットワーク Est organization（ＥＳＴＯ）」の二〇〇四年の調査（資料２）では六〇％以上が反対の意見だ。しかも、一二・一％もの人が「戸籍変更のためにやむを得ずSRS（性別再指定手術）をしようと思う」と回答している。戸籍を変えたいがために、それほど自分にとって必要とは思わないのに、やむを得ず性器まで性転換する。これは本当に正しい状況だろうか。

結婚に関しては離婚すれば済むだろうが、それでもパートナーとの関係が良好なら強制離婚ということになる。しかし、もちろん自分のために子どもは殺せないし、生殖器除去と性器形成には多大な金と時間がかかり、身体にも大きな負担がかかる。しかも、日本での施術例は公にはまだ少なく、正規ルートの医療サービスを提供している病院も限られているので、公には一年に一桁ほどの人の手術しか行われていない現状であるために、大学病院で順番待ちをしていると何年もかかると言われている。そこで、性同一性障害治療の正規ルートを避けて、闇（自由診療）でホルモン投与や乳房除去、卵巣子宮摘出、精巣除去や性転換手術を試みる人も多い。国内での美容整形外科の他、年間手術数が圧倒的に違うため、国内より技術が高いと評判のタイや台湾、米国、カナダ、古くはモロッコなど海外で手術をしてしまう人の方が多い。バンコク中心部の美容外科などでは、二〇〇二年に二四〇人だった外国人患者の数は二〇〇四年に約一四〇〇人になっている。米国や日本、韓国から来る人が多く、中東やアフリカからも来るという。市場が倍々の勢いで拡大し、今は一〇億バーツ（約二七億円）市場と言われている。タイには、技術を世界的に評価され、性転換や美容整形への開かれた社会意識がある（朝日新聞二〇〇五年四月二六日朝刊）。中には、そこに目を付けて、海外の病院を紹介し通訳も付けると言って、実はほとんど何もサービスを付けない上に、高額の料金を請求する悪徳仲介業者もいると当事者の間では噂になっている。

このような現状で戸籍を餌に手術を促すことは当事者に危険を犯せと言っているようなものだ。だから、まず日本はもっとトランスジェンダーへの医療サービスを考えるべきである。その上で法的書類上の性別をどう取り扱うか考え、戸籍についてもどうするべきか考える方がいい。公的書類においては性別はデータとして大して必要のないものである場合が圧倒的に多い。体制側にとって戸籍が重要であるなら、せめて戸籍以外の健康保険証や住民票、パスポートなどその他の公的書類証明書について変更できるか性別記載がなくなれば、かなりの数の当事者が助かるに違いない。なぜそういう試みは進まないのだろうか。

しかし、今でも名前は意外に簡単に改名できる。家庭裁判所に行き、面接をするだけでほとんどの人の名前は変えられるのだ。私も親の戸籍から二〇歳以上ならできる分籍★をした上で、「玲子」から「玲」へ改名の面接を受けた。担当者は若い女性だったが、私のトランスジェンダーとしての経験を話すと真摯に受け止めてくれた。

もしも戸籍を含む全ての公的書類から性別欄がなくなったら。現行の婚姻制度は成立しなくなるが、同性婚やパートナーシップ法★ができていればさほど問題はないだろう。しかし、それもフランスのPACS法★（連帯市民協約）などパートナー以外の人とも契約を結べる法律でなければ、体制が家族制度を中心に個人を管理しようとしていると思われても仕方ないのではないか。

★分籍　戸籍を持っている者ならば、二〇歳以上になれば親から戸籍を分け、独立させることができる。

★パートナーシップ法　ドメスティック・パートナー（DP）法ともいう。税金控除や社会保険加入、財産相続・贈与、住宅の賃貸契約など、男女の婚姻カップルに優遇されてきた諸権利を、同性愛カップルや、男女の未婚カップルに認めるもの。世界で初めてドメスティック・パートナー制度が導入されたのは、一九八九年デンマーク。その後、ノルウェー（一九九三年）、スウェーデン（一九九五年）、アイスランド（一九九六年）、オランダ（一九九八年）、ドイツ（二〇〇〇年）、カナダ（二〇〇三年）などで導入されている。アメリカ合州国では、州や市レベルで導入されたところもある。

★PACS法（連帯市民協約）　フランスで一九九九年に可決。民事契約によるパートナーシップ制度で、婚姻カップルと同等の権利を保障される。同性愛や未婚のカップルのみならず、友人同士などでも契約できる。

就学、就職、恋愛、医療、葬儀……。学校では好きでない制服を着せられ、就職したとしても「女性」は化粧をしなければ叱咤され評価が下がる。また、スカートの制服があったり、サラリーマンの場合なら、「男性」ならネクタイとスーツを半強制的に求められる。恋愛では、ヘテロセクシュアルのトランスジェンダーの場合、自分では相手との関係を男女の関係と思っていても、相手や周囲の人は同性愛だと見る。その逆もある。同性愛が悪いわけではないが、本人は同性同士の関係だとは思っていないし、それで特別視されるのはおかしい。医療を受けるにも、性別の記載されている健康保険証を出さなくてはならないために、それを見せるのが嫌で治療が遅れたり、せっかく足を運んだ病院では奇異な目で見られたり、入院を拒否されたりする。人生の最期でも希望とは違う戒名を付けられる。このように日常的にある当たり前のことで、トランスジェンダーであるがために最期まで快適なサービスを受けられないことは残念ながら多い。

今現在の性別二元論に基づいた性差別的な社会体制はおそらくそう簡単には崩れないものであろう。しかし、誰でも性別移行できる可能性があると考えるなら、性別は個人情報としてそれほど重要なものではないはずだ。なのに、何故それほど性別にこだわるのか。もしも性別分けされる経験がなかったら、これほどのジェンダーバイアスが蔓延っていただろうか？
身体をいじる人もそうでない人も性別の自己表現は自由なものでいい。公的書類に記載される「性別」を無意味なものにしてしまったらどうだろう。フェミニズムがこの点にあまり熱心でないのはなぜか。家族制度と戸籍制度を解体していく手がかりが一つここにある。

（資料1）性同一性障害者の性別の取扱いの特例に関する法律

（平成十五年七月十六日法律第百十一号）

（趣旨）
第一条　この法律は、性同一性障害者に関する法令上の性別の取扱いの特例について定めるものとする。

（定義）
第二条　この法律において「性同一性障害者」とは、生物学的には性別が明らかであるにもかかわらず、心理的にはそれとは別の性別（以下「他の性別」という。）であるとの持続的な確信を持ち、かつ、自己を身体的及び社会的に他の性別に適合させようとする意思を有する者であって、そのことについてその診断を的確に行うために必要な知識及び経験を有する二人以上の医師の一般に認められている医学的知見に基づき行う診断が一致しているものをいう。

（性別の取扱いの変更の審判）
第三条　家庭裁判所は、性同一性障害者であって次の各号のいずれにも該当するものについて、その者の請求により、性別の取扱いの変更の審判をすることができる。
一　二十歳以上であること。
二　現に婚姻をしていないこと。
三　現に子がいないこと。
四　生殖腺がないこと又は生殖腺の機能を永続的に欠く状態にあること。
五　その身体について他の性別に係る身体の性器に係る部分に近似する外観を備えていること。
2　前項の請求をするには、同項の性同一性障害者に係る前条の診断の結果並びに治療の経過及び結果その他の厚生労働省令で定める事項が記載された医師の診断書を提出しなければならない。
（性別の取扱いの変更の審判を受けた者に関する法令上の取扱い）
第四条　性別の取扱いの変更の審判を受けた者は、民法（明治二十九年法律第八十九号）その他の法令の規定の適用については、法律に別段の定めがある場合を除き、その性別につき他の性別に変わったものとみなす。
2　前項の規定は、法律に別段の定めがある場合を除き、性別の取扱いの変更の審判前に生じた身分関係及び権利義務に影響を及ぼすものではない。
（家事審判法の適用）
第五条　性別の取扱いの変更の審判は、家事審判法（昭和二十二年法律第百五十二号）の適用については、同法第九条第一項甲類に掲げる事項とみなす。

附　則　抄

（施行期日）
1　この法律は、公布の日から起算して一年を経過した日から施行する。
（検討）
2　性別の取扱いの変更の審判の請求をすることができる性同一性障害者の範囲その他性別の取扱いの変更の審判の制度については、この法律の施行後三年を目途として、この法律の施行の状況、性同一性障害者等を取り巻く社会的環境の変化等を勘案して検討が加えられ、必要があると認めるときは、その結果に基づいて所要の措置が講ぜられるものとする。

3　国民年金法等の一部を改正する法律（昭和六十年法律第三十四号）附則第十二条第一項第四号及び他の法令の規定で同号を引用するものに規定する女子には、性別の取扱いの変更の審判を受けた者で当該性別の取扱いの変更の審判前において女子であったものを含むものとし、性別の取扱いの変更の審判を受けた者で第四条第一項の規定により女子に変わったものとみなされるものを含まないものとする。

（資料2）性同一性障害者性別取扱特例法をめぐる当事者の評価〈抜粋〉

（鶴田幸恵・田端章明・石田仁・谷口洋幸・ESTO Est Organization による調査より。一部のデータについては、研究者に問合せの上、再計算した数値を掲載している）

調査名・「性同一性障害特例法とパートナーシップに関する意識・実態調査」（二〇〇四年九月）

調査対象者・第1次調査において、2次調査への協力を承諾してくださり、連絡が可能だった当事者100名。

調査方法・郵送法。回収率77％。

●要件に関する評価

（1）二十歳以上であること

賛成　40・3％　やや賛成　23・4％

やや反対　22・1％　反対　14・3％

（2）現に婚姻していないこと

賛成　18・4％　やや賛成　17・1％

やや反対　17・1％　反対　47・4％

（3）現に子がいないこと

賛成　9・3％　やや賛成　5・3％

やや反対　18・7％　反対　66・7％

（4）生殖腺がないこと又は生殖腺の機能を永続的に欠く状態にあること

賛成　21・1％　やや賛成　17・1％

やや反対　19・7％　反対　42・1％

（5）その身体のその他の性別に係る身体の性器に係る部分に近似する外観を備えていること

賛成　18・2％　やや賛成　16・9％

やや反対　15・6％　反対　49・4％

性は人権ネットワーク Est organization（ＥＳＴＯ）
http://akita.cool.ne.jp/esto/

●性別変更の意志とＳＲＳを受ける意志との関係
戸籍の性別変更のために、ＳＲＳを受けることについて回答者自身はどう考えているか
〈ＳＲＳ未経験者におけるパーセンテージ〉

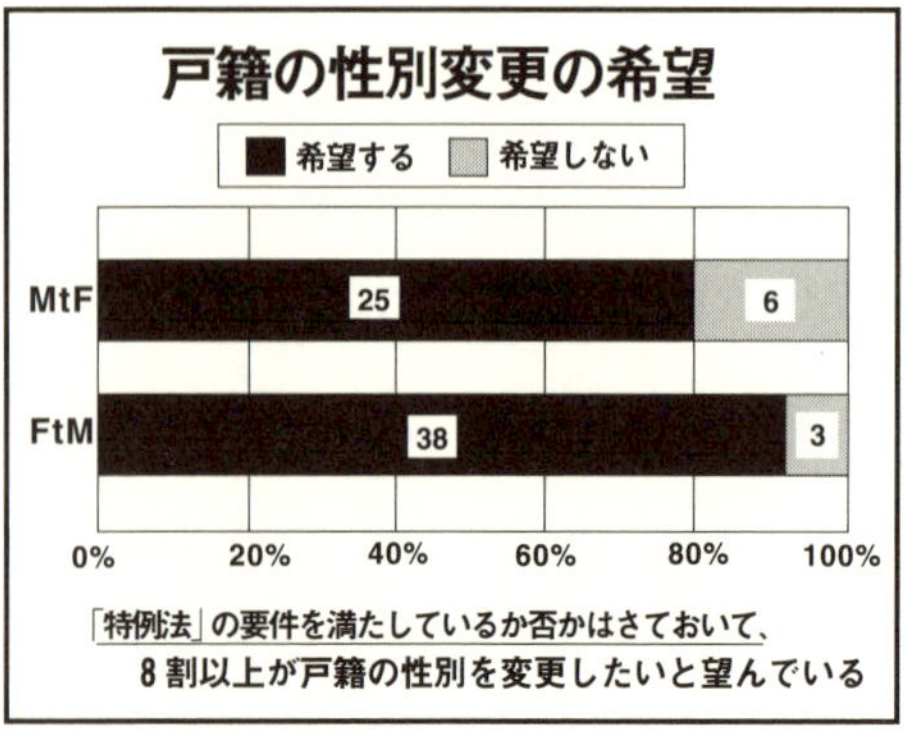

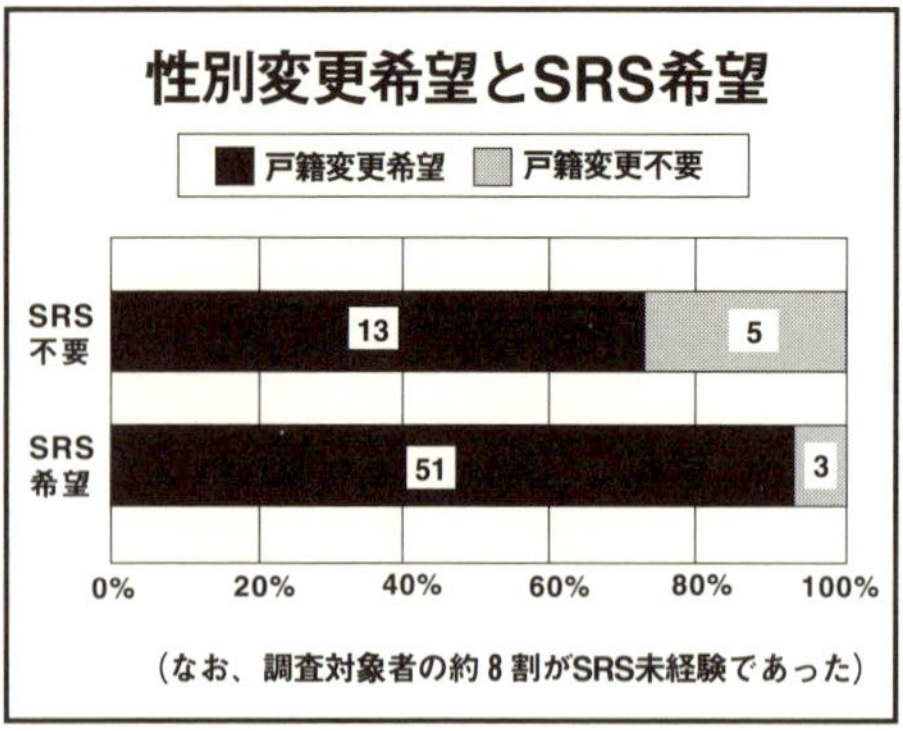

戸籍の性別変更のために
当然手術をするつもりだ　２５・８％
やむをえず手術するつもりだ　１２・１％
手術は考えていない　６２・１％

性別変更の意志とＳＲＳを受ける意志との関係

・要件(4)(5)への評価から、「戸籍変更の前段階としてＳＲＳを要求する」政府の意向には、６割以上が何らかの抵抗感を抱いていると言える。

・これまで見たように、ＳＲＳを希望しない人も戸籍変更を希望している。

・さらにＳＲＳを希望していたとしても「やむをえず」するつもりにさせてしまう要件は、リプロダクティブ・ヘルス／ライツの理念に抵触すると言えるのではないか。

典型的なＦＴＭトランスセクシュアルの個人史

虎井まさ衛『女から男になったワタシ』

二〇〇四年、性同一性障害者の性別の取扱いの特例に関する法律（以下、特例法）が可決され、この本の筆者の虎井まさ衛は早速戸籍上の性別変更を申請。もちろんすぐに通過し、書類上でも女から男になった。

この本はその虎井がホルモン投与し、乳房除去をし、子宮と卵巣を摘出し、ペニス形成した歴史が如実に書かれている。この本は典型的なＦＴＭトランスセクシュアルの個人史だ。しかも本の出版は一九九六年。この頃、日本ではまだ性転換が認められていなかったため、「性同一性障害」という言葉もなく、周囲の理解もなかった。虎井は必死の思いでお金を貯めて一人アメリカ合州国に渡り、目的を果たした。手術のプロセスは図像で表記してあるので分かりやすい。情報は虎井と同じＦＴＭだけでなく、ＭＴＦのものも多いから、実用的で、トランスジェンダーの多くの人の参考になるものだ。

虎井の解説によるとトランスセクシュアルとトランスジェンダーの分別はこうだ。

「突然神様があらわれて、あるＦＴＭ（♀→♂）にこう言ったとしよう。

『誰から見ても男にしか見えない、しかも男として幸福なエリート社員の道が開けている人生を与えよう。しかし肉体は、服を脱いだら女体のままである。

もう一つ、スカートをはいて女として、ＯＬとして暮らさなくてはならないし周りからも女だとみなされるけれども、服を脱げば一変、まごうかたなき男体である、という人生も選べるぞ。

さあ、どちらがよいか。』

——ＴＧは前者を、ＴＳは後者を選ぶ。

これは極論ではある。ＴＳも無論、異性装して生きる道などまっぴらではあろう。しかしどうしてもどちらか一つと言われたならば、やはり実生活上よりも、肉体上の性を採る。ＴＳにとっては性器こそが最大課題なのだ。」

ぬぐいようのない性器違和感。虎井はそれを強調する。しかし、そこから性転換してもなお、書類上の性別は「女」のままだった。

そして、時代は後から追いかけてくる。埼玉医科大で一九九八年より性転換手術が合法的に行われるようになり、マスメディアも取り上げ始め、ネットワークも拡大してきた。近年はＧＩＤ★（性同一性障害）研究会が毎年国内でも開かれ、トランスジェンダーの運動団体や個人の交流会も開かれている。そんな中、特例法が通り、虎井をはじめ、何人かのトランスセクシュアルが書類上でも完全に性転換を果たすことができた。

虎井は経験と情報量を活かし一九九四年からニュースレター『ＦＴＭ日本』を出している。ここには一つのコミュニティがある。

しかし、全ての広義のトランスジェンダーが虎井と同じではない。彼はそれを分かっているが、自分の思想と経験から見えるものしか書けない。私は虎井がトランスセクシュアルであることをカムアウトして運動をしていることに敬意を表するが、ジェンダーバイアスが掛かり過ぎとも言えるそのビジョンには窮屈さを感じる。

この本は、一人のＦＴＭトランスセクシュアルの歴史と経験として貴重なものである。しかし、以下の言葉にはショックを受けた。

『女から男になったワタシ』
虎井まさ衛［著］　青弓社刊　1996年

「フェミニズム――という言葉からも、『歯ブラシ』だとか『たんす』だとかいう単語から受ける印象以上のものは感じない。つまり、別に何も感じないのだ。」

（虎井まさ衛「〈人権〉という家の中の部屋★」）

彼は戸籍上も男性に変わり、女体であったことを完全に「なきもの」にした。二〇〇五年秋、女性と結婚もしたという。日本で一番有名なＦＴＭである虎井まさ衛。もちろん影響力もある。しかし、彼は典型的トランスセクシュアルだからこそストレートに分かりやすく、社会に受け入れられていると言えよう。彼の歴史から何を学ぶか。それは読者一人ひとりの意識にかかっている。

★ＧＩＤ　*gender identity disorder*　ジェンダー・アイデンティティ・ディスオーダー。性同一性障害のこと。性別違和を生まれつき抱えて、「心の性」とは違う自分の身体を、ホルモン投与や外科手術で異性の身体に変えずにはいられない精神疾患名。

★**「〈人権〉という家の中の部屋」**　インパクション一一七号（特集：フェミニズムへのバックラッシュ　憎まれて愛されて二〇〇〇年）所収。のち虎井まさ衛『トランスジェンダーの時代』（十月舎）所収。

正規ルートの診療とは

私はFTM系トランスジェンダーで現在、ホルモン投与を行っているが、岡山大、埼玉医科大、関西医科大などのいわゆる「性同一性障害（GID）」のガイドライン診療に基づいた「正規ルート」には乗っていない。インターネットなどでホルモン薬を入手しているわけではなく、医者にはかかっているが、「GID」のカウンセリングも受けたことがなく「闇」＝自由診療（非正規ルート）での投与である。もともとは性転換は法を犯すことだと思われていたので、公の場ではされなかった。男の身体から生殖機能を取った医者が裁かれたブルーボーイ事件★の判決が、その状況

★ブルーボーイ事件　一九六九年、東京都の産婦人科医が、当時ブルーボーイと呼ばれていた男娼に対して男性から女性への性転換手術を複数回行なっていたことが、旧優生保護法（現母体保護法）第二八条に違反すると判断され、東京地方裁判所から罰金刑を言い渡された。その翌年には東京高等裁判所でも控訴が棄却され有罪が確定。以降、身体の性別を変える外科手術は法律違反であるという認識が広まり、性転換手術は長く闇の中のものになった。そして、日本の医学界では埼玉医科大が性同一障害者の治療を公に始めるまで、性転換手術はタブーとなった。

を生んだのだ。

正規ルートに乗っていなければ、いわゆる「特例法」による戸籍上の性別が変えられないという噂はあるが、私には天皇の家来のアイデンティティはない。戸籍制度の中で性別変更がされても戸籍制度を強化するだけだから、自分の性別を戸籍制度に関わらせたくない。天皇家だけにはない日本の戸籍制度こそが問題なのだ。誰から生まれ、誰ときょうだいであり、先祖は誰で、家自体がどういう歴史を持っているか、本家はどこで分家はどこであるか、婚姻の経験はあるか（離婚経験を表すバツイチ、バツニなどは戸籍制度の記録に基づいている）など、戸籍を見れば一目瞭然だ。もともとは部落差別も戸籍を基にしていた。これはプライバシーの侵害とも言える制度なのだ。私はせめてもの抵抗にと、二〇歳以上なら簡単にできる分籍を実行している。そして、権利を手に入れた二〇代の時、自分一人だけの戸籍を持てて少しほっとしたのを覚えている。

海外の場合、台湾と韓国だけが戸籍制度を持っている。これは日本が占領した時、押し付けた悪法で、その他の国にはない。国家体制には便利かも知れないが、本当なら現住所さえ分かっていれば行政サービスにとっても問題はないはずである。

私はそんな戸籍制度の中の性別変更のために「正規ルート」を取ろうとは思わない。正規ルートの場合、精神科医に「本物の女」「本物の男」として「認めて」もらわなければホルモン投与や外科手術ができず身体が変えられないので、わざとMTFはスカートをはき、メイクをし、FTMは短髪にしてできるだけ男っぽい服装で行く。GID研究会など、研究者と当事者が一緒に参加する場所では、FTMはネクタイにスーツが多く、MTFは女っぽいスカートのスーツからミニスカートまでいる。「自分は性同一性障害だ」という過剰なアピールがそこにある。もちろんカウンセリングでの医者からの質問も推して知るべしだ。

たまたま自分の好みがジェンダーステレオタイプに合っている人なら構わないが、MTFはより女っぽく、FTMはよりマッチョに、ふるまう。それが「正規ルート」が持っているジェンダーバイアスを強化してしまうことになる。一般には、女でもボーイッシュな人はいて、短髪、ノーメイク、ノーブラ、パンツルックしかしないという人は大勢いる。男でもメイクをしたり、髪を伸ばしたり、おしゃれをする人もたくさんいる。しかし、精神治療はそれを無視し、当事者たちの「認めてもらう」ための、ジェンダーステレオタイプにはまったアピールをそのまま受け取っている。それで蓄積されていく精神科の「性同一性障害（ＧＩＤ）」データは、現実をゆがめている。これではおそらく精神科は偏った情報しか持てない。これでは「男は男らしく」「女は女らしく」させたい保守勢力の強化になるとしか思えない。

ＧＩＤ診断の必要性とは何かと言うと、当事者が「性転換」したことを後悔しないようにという思いが強いように思う。確かに身体を変えることは大きなことであり、いろんなストレスがかかってくる。例えば、会社の正社員として働いている場合、健康診断の扱いやトイレの使用など、トランスジェンダーとして日常的に厳しいことがたくさんある。そこに「ＧＩＤで正規治療を受けている」と医者の証明が得られれば、上司の理解を得られる確率はまだ高い。

私はフリーランスのライターなので、その辺りの煩雑な手続きは不要だった。その代わり、取引先の編集部などにどう思われるかという心配もあったが、カムアウトしなくても意外にすんなり受け入れられ、事なきを得ている。トランスが進む前に名刺上での名前は中性的に変え、二〇〇三年戸籍上の名前変更も済ませた。だから、取材先に行っても誰も気付かない。これはとてもラッキーだった。

トランスジェンダーとは言え、性別さえ変えれば何もかもうまくいくわけではない。だから長い間、自己肯定できない人もたくさんいる。身体を変えることは実際大変な作業なので医学的知識が必要となってくるし、生活全般に渡るサポートが必要なのだ。しかし、ジェンダーイメージのワンパターンに乗らないと「正規ルート」のサポートは得にくい。本来ならありのままの人間を受け止めて、人が生きたいようにフォローするのが医療の仕事なのに、今のやり方は杜撰である。

それぞれの人間が決断し、身体を変えていくことには、医者がジェンダー・バイアスに基づいて「ＧＩＤ」と認識しなければならないことは要らないはずだ。精神医学では「精神異常」とされてきた「同性愛」は、運動の甲斐あって疾患から外れたが、トランスジェンダーは「性同一性障害」と診断される。つまり、ある種の精神障害とされているわけなのだ。「障害」が悪いわけでも恥ずかしいわけでもないが、精神障害や精神疾患などと自分のジェンダーや身体を変えたいということは別のことだ。

一番大切なのは、トランスすることでどんな弊害があるか、身体への負担や金銭的負担、社会的差別の問題などを明らかにし、そういった情報を提供した方が現実的だと思う。

また、ここではＦＴＭゲイやＭＴＦレズビアンが表に出ない。男に見えるようにトランスして男性を性的対象とする、女に見えるようにトランスして女性を性的対象とする。それが奇妙なことのように見えるのは社会のコントロールである。なぜトランスしてまでゲイやレズビアンになりたいのか。なぜヘテロセクシュアルではだめなのか。少子化を叫んでいる体制側からすると信じられないだろう。管理をしたいという立場とうまく行くようにサポートしたいという立場は対立するのが当たり前なのだ。

私は「闇」でホルモン投与を始めたことに何の後悔もない。当事者の自助グループに参加し、運営にも関わり、医療などの情報を交換し、実際の当事者たちの変化をつぶさに見ることを何より一番大切にしてきた。当事者にはいろいろな考えの持ち主がいる。私は自分が女として生きてきた経験を大切にしたいと思っているが、そんなものは抹殺して、セクハラをするなど女性差別的に振舞う人もいる。私にはそれが理解できない。

「正規ルート」が不必要だとは言わないが、医者に求めたいのは、自分のジェンダーバイアスで人を判断するのをやめて欲しいということだ。それは体制の保守化、当事者の保守化につながる。男らしさ、女らしさというのは本当にあるものなのかどうか、医者は一度冷静に考えてみた方がいいだろう。文化によって、男らしさ、女らしさは全然違う。女の方がポジティブで力強い文化もあるが、日本の伝統的な考えのように男の後ろについておしとやかにしている方がいいとされる文化もある。しかし、それは性差別としか言いようがない。

トランスジェンダーは性別越境者と訳される。女・男という二枠があるからこそ、「トランス」（越境）と解釈される。しかし、枠組みがなくなれば、トランスジェンダーという言葉もなくなるに違いない。自分がどういう外見でどんなふうに生きたいのか。それを実現することで、性別社会で得する人や、保守体制や現状を固持したいと思っている人以外に誰かに迷惑をかけることはありえない。「正規ルート」だけに留まることなく、トランスジェンダーへの理解を広めること。ホルモン投与や外科手術の安全性の監視はもちろんのこと、後のサポートに力を注ぐこと。結局、戸籍が変わったとしても、人々の偏見はなかなかなくなるものではないし、本当の革新はそれからだ。そこを勘違いすることなく、生き抜くこと。何より大切したいのは、それである。

第４章◎多様な性を生きる

すべての言葉を貫く「私」という通底音

掛札悠子『「レズビアン」である、ということ』

「『レズビアン』とはだれか」、本書は、このひとつの問いかけから始まる。「レズビアン」とはどういう存在なのか、「レズビアン」とはだれのことを指すのか、掛札悠子がここにおいて繰り返し問うこの問いは、「私とはだれなのか」あるいは「私は『レズビアン』なのか」という自問とからまりあい、互いに追いかけあうふたつの旋律のように、この本の主調をなしている。

掛札悠子は、一九八八年に日本で初めてマスメディア・カムアウトを果たしたレズビアンである。そしてその後、本著『「レズビアン」である、ということ』を一九九二年に出版し、現在もフリーランスのライターとして活躍している。

彼女がとりわけ本書の執筆において、ゲイ・ムーブメントの起こった時に一緒に表に出てきた九〇年代レズビアン・アクティヴィズムのメルクマールであることは間違いない。なぜなら、これは、「レズビアン」一般についての言説ではない。ま

『「レズビアン」である、ということ』
掛札悠子［著］　河出書房新社刊　1992年

た、「私は、『レズビアン』なのか」という疑問を少しでも持ったことのある女性が、おそらく一度は出会うだろう否定的な概念に満ちた心理学や精神病理学の研究書でもない。すべての言葉を貫く「私」という通底音。「レズビアン」をめぐるのは、「私」という固有の場所から発せられた、彼女のほとんど強迫的とも言えるほど誠実な言葉たちなのだ。リアリティに基づく証言という意味で、『別冊宝島　女を愛する女たちの物語』がこれに先駆けているとしても、少なくとも日本において、セクシュアリティを軸とし、社会的状況への分析をともなった徹底した自己への気づきの推移をこれだけの密度でたどり、展開させたものは、これまでにはなかった。

彼女の言葉は、異性愛がスタンダードとなっている社会での「レズビアン」イメージと、その背景にあるシステムや慣習に鋭く突きつけられていく。ポルノグラフィが、婚姻制度が、家制度が、この国で「レズビアン」という状況を生きる者たちを根底から縛りあげ、また荷担させ、それ以前にその事実に気づくことさえ困難な現実を、彼女は個人的経験と思索の過程を公開することで切り開いて見せる。

そして、彼女は本書において、最終的に「レズビアン」であることをその身に引き受けるに至る。自分の中にある欲望を認識し、持っている関係を肯定するため、自分自身の存在のしかたを否定しないために。

それぞれの「私」が自らの言葉で語り始めること。そして、「私自身が、生きている『レズビアン』のひとつの現実なのだ」と高らかに表明していくこと。ヘテロセクシュアル社会の中でポルノグラフィックなイメージにまみれたレズビアンという言葉。だからこそ、彼女はこう言う。「それは、『レズビアン』というラベルを引き受けた結果、そこには自分を適切に位置づけることができないという事実があきらかになった世界を、今度は自分の意思で変えていくプロセスである」。

このようなカムアウトが社会に与えるインパクトは明らかにある。具体的な顔や名前を持った個人が、「レズビアン」として目に見える存在になった時、それまで自分のセクシュアリティについて考えることさえしなかった人は、彼女／彼自身の問題を逆にとらえなおさざるを得ない。

しかし、注意深く受け取らなければならないのは、「レズビアン」自身から今もなお収奪され続けている「レズビアン」イメージをそのような形で取り戻していくことが、あくまでも現在における必要な変化のための引き受けであり、その地点だけに固執するべきものではないということだ。彼女は言う。「私が『自分はレズビアンである』と表明するのは、私が『レズビアン』でも『女』でもない『私』になれる状況、逆に言えば、『レズビアン』でもあり、『女』でもあると同時にほかのさまざまな特性をもった『私』になれるような状況をつくりだしたいからである」。『レズビアン』とはだれか』という問いに始まり、「いま、『レズビアン』であるということ」で拓かれる地平は、新しい生の様式を生みだしていく可能性を大きくはらんでいる。「レズビアン」をキーワードとして社会構造を照射し、彼女が「私」という視座を獲得していくさまは、自己肯定のレベルにとどまらず、人と人との関係性のあり方そのものに問いを投げかけ、また打ち開いていく契機を呼ぶだろう。個人がまさにそれぞれの個人でありえる場所に向かって。その意味で、彼女の内から生成した言葉たちは、ひとり「レズビアン」たちだけのために閉ざされていはしない。

現実には、あまりに乗り越えなければならない問題が山積しているのは確かだが、にもかかわらず、一人の「レズビアン」によってここに開き提示されたものは、静かにしかし現実という時間と共鳴し、少しずつだか変化をもたらし始めている。

炸裂する過激な愛

パット・カリフィア『パブリック・セックス』

この本、『パブリック・セックス』は一九七九年から一九九四年までのパット・カリフィアの原稿の大半が収録されている。

一七歳からレズビアンとしてカムアウトし、七〇年代末にレズビアンのSMグループ「サモワ」を創設。（それは残念ながら今はもう存在しないが）、SMコミュニティに貢献し続けている。パットは自らのラディカル・セックスの経験をつぶさに書く。レズビアンだが、相手を女だけに限らず、ゲイたちともファックしあう。パットは「男であれ女であれ、その人のクィアッぽさやゲイらしさ、同性愛者的なものをエロティックだと感じる」のだ。その変態っぷりは素晴らしい。

しかし、ポルノに反対する運動のリーダーたちはフェミニストで、しかもレズビアンであることが多い。だから、レズビアンSMのセクシュアリティについて語り合うグループを組織していたパットたちは一番に槍玉に上がった。「女性が敵と与

『パブリック・セックス　挑発するラディカルな性』
パット・カリフィア［著］　東玲子［訳］青土社刊　1998年

せずに自分のセクシュアリティを語ったり、描写したりすることができると断言するのは、勇気ある行動に変わった」のだ。ポルノに反対する運動のリーダーたちの暴力の定義も広範で曖昧なものである。合意があっても、以下の行為は全てレイプや暴行と同じ暴力に含まれるという。未成年者とのあらゆるセックス、合意の上でのサド／マゾ行為、ボンデージ、放尿プレイ、売春、フィスト・ファック、不特定多数とのセックス（カジュアル・セックス）、アナル・セックスまでも。

その中で多大な影響力を持つグループのひとつは「ポルノとメディアの暴力に反対する女たち」（WAVPM）だ。WAVPMはポルノを排除する運動は、右翼女性をも含めた全女性がシスターフッドの下に団結できるものだと言っている。右翼や保守団体から資金提供されているのだから、WAVPMにとっての運動はそういうものかも知れない。しかし、パットから見て「そのようなグループは社会のもっと大きな派――性の違いを抑圧する傾向を助長し、セックスに否定的な風潮を作ろうとする者たち――に利用されているに過ぎない。」それに対して「同性愛者の権利を擁護し、学校での性教育や、避妊や中絶、子どもがセックスの情報や性的自由を自分の手にする権利、売春の非犯罪化、性的マイノリティの公民権を支持するべきだろう」というパットの提言は当たっている。

パット自身はカジュアル・セックスを実践し、アンモノガミー（一対一の関係を優先させない人）のサディストとして生きているが、もちろんセーファーセックスはしている。そして、フェミニストのアイデンティティもある。

私はパットのこの本を読んで目が開かれ、安心した。現在、パットはパトリックという男性名となり、トランスジェンダーとして生きている。ＦＴＭでゲイというアイデンティティの年下の若者マットと最近、エンゲージメント・パーティを行なって、一緒に暮らしているそうだ。

それにしても、世界の偏狭さは変わらないのだなとつくづく思わされた。この本は約一〇年前の著作だが、日本では一九九八年に発行されている。しかし、現状は今も変わっていないと言えるだろう。

この本は特にサディストとマゾヒストの合意のとり方やプレイの仕方などＳＭをする人や、セーファーセックスを模索するレズビアンにはぜひ読んでもらいたい。ハウツー本ではないが、ノウハウがぎっしり詰められている。

そして、何よりも保守的な考え方の人たちにも。この本は、言葉の一つ一つに過激な愛の炸裂する様が爽快だ。あなたはそれをどう捉えるか。パット・カリフィアのこの本への態度は人によって強烈に二分するに違いない。おそらくそれは人の評価の基準として有効だと言えるだろう。

あなたが本当にジェンダーから自由になりたいのなら

パトリック・カリフィア『セックス・チェンジズ』

この本は、一九九七年の初版では、パット・カリフィア著として出され、その後、著者がテストステロン（男性ホルモン）を投与し、性別適合手術を受け、FTMになったことで、男性名のパトリック・カリフィア著となった。タイトル同様、執筆とともに著者によってセックス・チェンジズが行なわれた画期的な本である。つまり、カリフィア自身の体験が主軸にあるのだ。しかし、個人史では終わらない。「トランスジェンダーの政治学」という副題に見られるように、トランスセクシュアリティの政治的側面を論じている。

もともとパット・カリフィアだった時代は、レズビアンSMフェミニストとして、激化する反ポルノ運動の中、アンドレア・ドウォーキンやキャサリン・マッキノンたちを相手に、反検閲主義、新しいポルノ推進の立場で論争を繰り広げた。その過激な政治性には誰もが目を見張るものがある。

『セックス・チェンジズ　トランスジェンダーの政治学』
パトリック・カリフィア［著］石倉由＋吉池祥子［訳］作品社刊　2005年

この本では、自分の体験と当事者への調査を元に、フェミニズムやゲイとレズビアンの中でのトランスフォビア、医療者との葛藤を描く。トランスジェンダーがこの世の中でどんな位置にいて、これからどこへ向かっていくのか、それを挑戦的に描いている。

「多様なジェンダー表現を、治療を要する病理学的症状、家父長制の作り物、あるいは広くゆきわたったホモセクシュアル嫌悪への不適応反応と考えるのではなく、『セックス・チェンジズ』は、ジェンダー・アイデンティティの多様性や社会的性役割に対する基準概念に異を唱えること、さらに遺伝的性の『異常』すらも、自然で普遍的現象であり、人間身体と社会の豊かで貴重な一部分である、と捉えるラディカルな立場をとる。自己意識が育ち、ラディカルになったトランスジェンダーやインターセックスの人々は、自由平等のための戦場の最前線に立つ者として認められた。トランスジェンダーやインターセックスたちにより多くの可視性と機会を獲得しようとする運動は、単にその概念の傘の下に入る多くの性的マイノリティに利するばかりではない。むしろ、自らの身体や性的欲望、関係性、公的な自己表現について非トランスジェンダーの人々が抱いている思い込みを明らかにすることで、トランスジェンダーたちはその保護地帯の中へと外の者を招き入れ、より深いレベルの内省へと向かい、新たなる選択と挑戦、そして責任を切り開くのだ。」

パトリックの言論がその皮切りとなる。

ほとんどのトランスセクシュアルが女性または男性にアイデンティファイしてきた時代から、今はトランスジェンダーが女性または男性にアイデンティファイする人が増えた。二極的ジェンダーシステムに疑問を投げかけ、ジェンダー活動家になるのだ。ポルノグラフィやセックス・ワークに肯定的なプロセックス・フェミニズムの力も、トランスジェンダー行動主義に大きく影響していると言う。

ところが、一九九一年のミシガン女性ミュージック・フェスティバル（ＭＷＭＦ）からトランスジェンダー女性（ＭＴＦ）が追放され、事態は紛糾した。トランスセクシュアルが入場を許されたと聞いてイベントを去ったレズビアン分離主義者もいたが、「トランスセクシュアル・レズビアンの状況は、イデオロギー的なダブル・バインドを明らかにする。フェミニストは、二つの点を同時に持つことができない。もし生物学が運命ではなく、ジェンダーの社会分析を社会的に構築された何かとして示すというなら、わたしたちは自らの世界観の中にＸＸに生まれなかった女性のための余地を残さなければならない。そうでなければ、生物学的決定論、つまり遺伝的構造が人間としての可能性を決定する、という抑圧的な信念、そして女性の自由や知的能力、創造的才能に制限を加えることに対し、これを正当化するのに生物学的性をもちいることができる、という概念に服従することになる」。

理解がないのはレズビアン・コミュニティだけではない。一九九四年六月、ゲイ権利組織HRCは、トランスセクシュアルを雇用非差別法（ENDA）に保護すべき階級として含めることを拒否した。トランスジェンダー活動家たちはこれに激怒し、ゲイメンとレズビアンの存在についてホモ嫌いたちが注目するのは、しばしばジェンダー差異と受け取られるものであると指摘した。

「社会的に恵まれないグループが、自身の利益のために他を裏切るのは、決して愉快なことではないし、また一般に、決して良い政治戦略ではない」。

「しかし、もしわたしたちがあらゆることを実現し、すべての市民権を認められたマイノリティ・グループとなり、別様のジェンダーを持つひとがそうでなかったら、ということを自身に問いかけることが非常に重要だ。

《トランスセクシュアル・メナス》のチラシはHRCのENDA法に関する差別

政策に抗議しながらこう述べているのだ。『わたしたちすべてのためではないクィア行動主義は、わたしたちの誰のためにもならない！』」。

あなたはパトリックのこれらの言葉に試されている。本当にジェンダーについて考えるつもりがあるなら、本書は絶対外せない。パトリックの言葉に触発されながら、自分自身の経験と感覚を総動員して、あなたが今どこにいるのか、考えてみるとよい。それは、新鮮な感覚で身体を、あなたの日常を再構築するに違いない。

最後に、日本語版の本書には、サンディ・ストーン「帝国の逆襲――ポスト・トランスセクシュアル宣言」、野宮亜紀「日本における性同一性障害とトランスジェンダー当事者運動」、竹村和子「『セックス・チェンジズ』は、性転換でも、性別適合でもない」が収められている。これは日本の状況を解読する上でも参考になる。

この本に触れることで、バックラッシュが恐ろしいくらい起こっている日本の国のジェンダーの行方を考えるいい機会になるに違いない。セックス・チェンジは誰にとっても他人事ではないのだ。

パートナーシップとは何か

『同性パートナー　同性婚・DP法を知るために』

海外では、フランスのPACS法やオランダの同性婚法が成立し、アメリカ合州国での二〇〇四年大統領選挙の争点となったニュースなど、「同性パートナー」についての議論が巻き起こり、当然の権利として勝ち取った人々も数多い。日本でもドメスティックパートナー（DP）法や同性婚が成立する可能性がなくはないが、異性間の婚姻のみしか認められていない現状では、同性間のパートナーシップを持っている当事者たちは異性愛者に比べて不利益をこうむっている。

しかし、異性婚と同じような法律が定められればそれで良いかというと、そうとも言えない。既存の異性婚にも問題があり、同性婚として、プライバシーと人権を侵す制度・戸籍制度が支配管理に供する力を持つ中で異性婚に準じたものであればそれでいいのか。同じ氏を名乗る義務や貞操義務はどうなのか。運動を進めていく中でもそういう議論が起こってきている。

だいたい、婚姻に関わる戸籍制度そのものが、世界の中で日本と日本が占領した韓国、台湾にしかない、個人よりも家制度を尊重する法律である。それは第二次世界大戦中に日本が占領して遺したものである。

現状では、例えば、同性のパートナーが病気や怪我によって入院した時、法律上の親族のみに看護や手術などの同意が認められ、パートナーには認められにくい。また、財産相続は法律上の親族のみに認められ遺言を遺しても親族による取戻しが認められているなど、かなりひどい。さらに健康保険や年金、税制、公営住宅の入居手続きなどのメリットを受けることも全くできない。★

そんな中、自分たちの権利を守るための手段もわずかだがある。本書では公正証書を作成した出雲まろうと、パートナーと養子縁組をした河村昌伸・河村章孝のインタビューが取り上げられている。しかし、公正証書の公証人は裁判官、検察官、法務局長などを務めた法律家や法務実務家の中から法務大臣が任命した官僚出身の高齢層が多く、断られてしまうこともある。また、対社会的効力として、実際、権利が尊重されるかどうかは医療関係者や親族にかかっており、周囲の認識による。一方、養子縁組の問題は、離縁したとしても同性婚が成立した場合、婚姻ができない。また養親は誕生日が一日でも早い方と決まっており、養子の方は苗字が変わってしまうという煩雑さもある。

そもそもパートナーシップとは何かと言った時、「日本社会のあり様と関連させて、ＤＰ法の構築を目指す必要があると同時に、ＤＰ法の構築は日本社会における多様性の承認と個の尊重に結びつくものであり、さまざまな市民運動や団体の連携があって初めて実現するものではないだろうか」と『戸籍の性別記載の訂正は可能か』を著した法学博士の二宮周平は言う。また、戸籍研究者の佐藤文明は、「なんとなく、ついて行きさえすれば手に入る、といわれている幸せ行きの片道切符。しかしそれは本当なのだろうか、ということだ。それよりも自己責任を担った上で、自分なりの幸せ探しの旅に出るべきではないのか、ということだ」と述べている。さらに、在日朝鮮人二世でレズビアンの李瑛鈴は、「法律が『保護』する人間関係はがんじがらめで、かつ、抜け穴だらけだ。上からの保護に過剰な期待を持つのは禁物だろう。世の中の不公平を是正する方向へ動かすのは、『制度』ではなく、『人々』

★**公営住宅への入居**　二〇〇五年一〇月、独立行政法人・都市再生機構は、管理する「機構住宅」（旧公団住宅）にハウスシェアリングを認めた。

『同性パートナー　同性婚・ＤＰ法を知るために』
赤杉康伸・土屋ゆき・筒井真樹子［編］　社会批評社刊　2004年

の自由な有り様なのだ」と述べる。

本書にはパートナーシップを考え、深めるヒントが詰まっている。海外の情報としても、メールマガジンＭＩＬＫの編集者である角屋学の「世界の同性パートナー制度」やインターセックス・イニシアティヴ代表のエミ・コヤマの「同性婚制度をめぐる米国ＬＧＢＴコミュニティのポリティクス」などから受け取ることができる。編者の赤杉康伸、土屋ゆき、筒井真樹子もそれぞれ、ゲイ、レズビアン、トランスジェンダーという特性から、新しい関係性についての考察を行っている。ここでは同時に「性同一性障害者の性別の取り扱いの特例に関する法律」（特例法）に対する批判もなされている。ＦＴＭゲイやＭＴＦレズビアンの存在を考えても「特例法」を利用していなければ、ネイティブな男性や女性と婚姻が可能なのに見た目は同性であるという現実により、論理的に言って、異性間と同じく同性間のパートナーシップも考えざるを得ないことが分かってくるだろう。日本では同性パートナーシップについての議論はまだまだこれからである。保守派のバックラッシュも残念ながら根強いが、ここをスタート地点として、本当に個人の権利を尊重することを前提に、婚姻制度と戸籍制度の是非をも視野に入れた議論が巻き起こることを願ってやまない。

多様な性を生きる人たちとＤＶ

1、「性別違和感のない異性愛者」だけの問題ではないドメスティック・バイオレンス

ドメスティック・バイオレンス（ＤＶ）は、一般的に「男性から女性の恋人や妻への暴力」だと理解されている。しかし、実際は、典型的な異性愛の関係以外でも起こりうる。たとえば、女性同士や男性同士のカップルの場合や、トランスジェンダー、あるいはインターセックスの人のように「女性」や「男性」という枠組みに当てはまらない人にも起こりうる出来事である。つまり、「性別違和感のない異性愛の女性」だけがドメスティック・バイオレンスのサバイバー★ではないのである。

二〇〇一年、ドメスティック・バイオレンス防止法が成立した。しかし、ＤＶ防止法の想定の幅が「配偶者」間とし、あまりにも狭いがゆえに、対象から外れてしま

うゲイやレズビアン、バイセクシュアル、トランスジェンダーなどの人たちはさまざまな支援の情報を得ていたとしても、既存の社会資源を使えないことが多い。

裁判所に訴えれば、以下の保護命令を得ることができる。「一　命令の効力が生じた日から起算して六月間、被害者の住居（当該配偶者と共に生活の本拠としている住居を除く。以下この号において同じ。）その他の場所において被害者の身辺につきまとい、又は被害者の住居、勤務先その他その通常所在する場所の付近をはいかいすることを禁止すること。

二　命令の効力が生じた日から起算して二週間、被害者と共に生活の本拠としている住居から退去すること。我が国においては、日本国憲法に個人の尊重と法の下の平等がうたわれ、人権の擁護と男女平等の実現に向けた取組が行われている。」

その前文にはこうある。「配偶者からの暴力は、犯罪となる行為であるにもかかわらず、被害者の救済が必ずしも十分に行われてこなかった。また、配偶者からの暴力の被害者は、多くの場合女性であり、経済的自立が困難である女性に対して配偶者が暴力その他の心身に有害な影響を及ぼす言動を行うことは、個人の尊厳を害し、男女平等の実現の妨げとなっている。

このような状況を改善し、人権の擁護と男女平等の実現を図るためには、配偶者からの暴力を防止し、被害者を保護するための施策を講ずることが必要である。このことは、女性に対する暴力を根絶しようと努めている国際社会における取組にも沿うものである。

ここに、配偶者からの暴力に係る通報、相談、保護、自立支援等の体制を整備することにより、配偶者からの暴力の防止及び被害者の保護を図るため、この法律を制定する。」

このDV法から見えるのは、男女関係だけではないだろうか？　サポートに携わる者は、こうした当事者が自力で問題を乗り越えなければならない状況にさらされてしまいがちなことを忘れてはならない。

★サバイバー　survivor　性暴力や子どもの時の虐待を生き抜いた人。又、生活を共にする恋人や配偶者からの身体的・精神的・経済的暴力（ドメスティック・バイオレンス）から逃げ延びた人のこと。生存者、生還者。無力で弱々しい意味合いの「被害者・犠牲者（victim）」という呼び方から変化した。加害者は社会的地位が高い人も多く、外面はいい。そして、何よりも加害行為に鈍感で、まるで忘れているかのように加害意識がない。そのため、なかなかサバイバーは周囲の理解を得られない。また、何とか関係を切りたいとサバイバーが逃げても、しばしばストーカーのようにつきまとわれる。ドメスティック・バイオレンスは、トランスジェンダーでない人同士のヘテロセクシュアルの関係だけでなく、ゲイやレズビアン、バイセクシュアル、ポリセクシュアル、パンセクシュアル、トランスジェンダー、インターセックスなどの中にも起こる。

（1）ジェンダーと体の性の多様性

「ジェンダー」とは社会的・文化的性のことである。この社会的・文化的性はその人の体の性がどうであるかや、だれのことを好きになったりセックスしたいと感じるかなどとは基本的に関係はない。

多くの社会では、性別に「女性」と「男性」の二つのカテゴリーしかないと考えられているが、必ずしもそうではない。インドのヒジュラ★や北米先住民のベルダーシュ★などは、「女性」と「男性」以外の社会的性別枠組みとしてよく知られている存在である。社会や文化のあり方の違いによって、「ジェンダー」のあり方は違う。また、そのなかでの「女らしさ」や「男らしさ」のありようも異なっており、同一地域内であっても、歴史のなかで「女らしさ」「男らしさ」の意味付けが変化していくこともある。つまり「女性」「男性」という二つの性別枠組みや「女らしさ」「男らしさ」は普遍的なものではないのである。

ドメスティック・バイオレンスの被害を受けた当事者は、法的書類上は「女性」であっても「女らしい」とは限らない。身体的に生まれつき典型的な女性とは異なる場合もあるし、成長してから社会的に「男らしい男」としての生き方を選んでいる場合もある。また、「女らしさ」からも「男らしさ」からも離れた生き方を選択している場合もありうる。

たとえば、最近マスメディアでよく取り上げられている「性同一性障害」のように、身体や見た目の性別と自己意識の間にズレを感じている人もおり、ここからも人間が簡単に「女性」「男性」に二分してしまえないことがわかる。

さらに身体の性に注目してみると、そこでも「女性」と「男性」の別がはっきりしているわけではないことが裏付けられる。実際のところ、人間の性は典型的な「女性」と「男性」の枠におさまりきるものではなく、多様である。日本社会では一

★ヒジュラ　*Hijra*　インドの中のMTFトランスジェンダー。ヒジュラとはウルドゥー語で半陰陽、両性具有者を意味する。しかし、ほとんどのヒジュラは去勢を行ったトランスジェンダーである。ヒジュラはシャーマン（巫女）として聖の部分を司ると共に、ダンサーやセックスワーカーとして収入を得ている。ヒジュラたちはファミリーを形成しており、グル（導師）のもとに何人かのチェーラー（弟子）が集まり共同生活を送っている。参考：『ヒジュラ――インド第三の性』石川武志著（青弓社）、『ヒジュラ――男でもなく女でもなく』セレナ・ナンダ著（青土社）

★ベルダーシュ　*berdache*　ネイティブ・アメリカンの中のトランスジェンダー。この言葉は、ペルシャ語、アラビア語がイタリア語とフランス語を経て英語になったもの。フランス語と英語における意味は、17、18世紀の北アメリカ先住民族に当てはめたもので、「買われた少年」「男性売春夫」「奴隷」である。これは白人研究者たちによる名付けであり、当事者たちは自称として「two-spirit」という言葉を使っている。

般に、出生時、病院で医師の判断によって、主に外形器の形状にもとづいて「女性」や「男性」どちらかの性別がつけられ登録されるが、男女両方の特徴をあわせ持っていたり、典型的な「女性」や「男性」とは異なった特徴の性器を持つインターセックスの子どもも生まれている。インターセックスの子どもの場合、本人の意思とは関係なく医師の判断によって、乳児の段階でより「女性的」「男性的」と思われる体に外科手術などで変えられることがしばしばある。このなかば強制的な手術のため、大人になってからも長い間アイデンティティ獲得に悩む人も多く、性別を強制する社会のあり方に対してPESFIS（日本半陰陽者協会）のような当事者団体から批判の声も上がっている。

このように「性」とは、染色体、内性器の性、外性器の性、社会的性別、性別自認、性指向などさまざまなレベルのものが複雑に絡まりあって成り立っているものである。ドメスティック・バイオレンスの被害にさらされ、サポートを求めている人が、トランスジェンダーやインターセックスであることは十分あり得る。そうした可能性をいつでも考えるなら、相手の法的書類上の性別が明らかになっていても、その人の体やジェンダーも法的書類上の性別同様に「女性」か「男性」のどちらかだと考えるのは早計である。ドメスティック・バイオレンスの被害を受けた当事者をさらに追い詰めてしまうことのないように、サポート側に立つ者は本人から直接聞くまで先入観で性別を判断してはいけない。

(2) セクシュアル・オリエンテーションとジェンダー、体の性の関係

「セクシュアル・オリエンテーション」は、性的な指向であり、だれと付き合い、暮らし、セックスするかということ、と言い換えることもできる。「セクシュアル・オリエンテーション」はジェンダーや体の性とは別物であり、ジェンダーや体の性によって決まるものではない。たとえば、「女性とセックスするのが好き」という人は「女性」として「女性」が好きな人である可能性もあり、「男性」とは限らない。もちろん、法的書類上の性別は「女性」であっても「男性」として生きている人なら、彼の女性の恋人との関係は男女の関係であるといえるが、だからといって、「女性」が好きな身体的「女性」はみなトランスジェンダーで本当は男になりたい人だということはできない。

繰り返すが、ドメスティック・バイオレンスの被害を受けた当事者は「性別違和

感をもたない異性愛の女性」ばかりではない。女性として生活している人のなかには異性愛だけでなく、レズビアンやバイセクシュアルの人もいる。また、女性として社会生活を営んでいるトランスジェンダーの人もいるし、インターセックスの人もいる。もちろん、そのなかにもレズビアンやバイセクシュアルの人もいる。「法的書類上の女性」という枠組みで見れば、男性として社会生活を送っていたり、女性でもなく男性でもない生き方をしている人もいる。そのなかには「法的書類上の女性」である社会的「男性」で、ゲイの人もいればバイセクシュアル男性もいる。さらに「女性」という枠組みをも外して考えると「法的書類上の男性」で社会的にも男性として生活を送っているゲイやバイセクシュアルの男性もいる。こうしたさまざまな立場や関係をもつ人たちすべてがドメスティック・バイオレンスにさらされる可能性があるのだ。

(3) ケーススタディ

人間はみな「女性」か「男性」であって、いずれは「異性」と結婚し、子どもをつくるのが「自然」で「当たり前」であると考えるのは、先入観以外の何ものでもない。結婚しない人、子どもをつくれない人、子どもをつくりたくない人、ひとり親として子どもを育てる人、結婚相手以外のパートナーや友人と共同生活する人、「同性」の恋人やパートナーがいる人など、人にはさまざまな生活や恋愛の形がある。それとともにさまざまな性のありようがあるのである。

ＤＶ防止法は婚姻あるいは「異性」の事実婚関係にある人だけを対象にしているが、あらゆる親密な関係においてパートナーからのドメスティック・バイオレンスは存在するのだ。

では、このようにジェンダーやセクシュアリティの形が今日の社会通念や現行の法制度に当てはまらない人がドメスティック・バイオレンスの被害にあった場合、どのような支援ができるのか、また、どのような支援が今後求められるのかを考えながら、以下の事例について考えてみよう。

○ケース1　三八歳のＡさんと三二歳のＢさんはレズビアン・カップル。ふたりはデザイン業界でフリーランサーとして働いていて、一緒に仕事をすることもある。一〇年近く同棲が続いており、三年前には一緒にマンションを購入するなど、周りの友人からは「お似合いの素敵な仲良しカップル」とうらやましがられている。けれど、ちょっとした恋愛関係のもつれがきっかけで、半年前からBさんがAさんにどなりつけたり物を投げたりするようになった。Bさんとのセックスが嫌になってきたAさんに対して、Bさんが無理やり性行為を迫るようなことも起こり始めた。Aさんはレズビアンの友人に相談を持ちかけたが、「女同士だから大丈夫。Bさんは忙しくてたまたまイライラしていただけじゃないの」とたしなめられてしまう。だれかに助けてほしいと思っていたAさんだったが、一人目の友人に理解を得られなかったため、レズビアン・コミュニティで噂が広がるのを恐れ、女性センターの相談窓口に出かけた。そこで幸いよい相談員の人と出会うことができたが、その後紹介してもらったサバイバーの自助グループでは、「夫が」「主人が」と話す異性愛の女性ばかりで孤独感にさらされ、出席すること自体が苦痛になってきてしまった。同じ立場のレズビアンのサバイバーと話すことができれば今後の対応のヒントにできそうだと思うが、そのような場はまだ見つからない。Aさんは、どうしたら共同購入したマンションの権利やキャリアを手放さずにBさんとうまく安全に距離を置くことができるのか決めかねていて、ストレスを抱えながら同居を続けている。

○ケース2　Cさんは二二歳の公務員。パートナーはアルバイトで収入を得ている二四歳の男性Dさん。出会ったころは優しかったDさんだが、付き合うようになってからは嫉妬深くなり、浮気を疑ってはCさんに暴力をふるうようになってきた。Cさんの身体はまだ男性的な特徴を多く残しているが、大学病院で「性同一性障害」の診断を受けホルモン注射を始めている。将来的には女性への性別適合手術を望んでいるが、今はまだ女性では通らないときもある。Cさんは女性センターなどに相談窓口があることは知っているが、知り合いで同じような状況の人がシェルターへの入居を断られたと聞いたことがあるため、自分も同じように嫌な思いをするのではないかと、今は相談するのをためらっている。

○ケース3　Eさんは二六歳の飲食店店員。男性ホルモンを注射し乳房除去手術を済ませており、外見的には男性として通るため、数年前から男性として働いている。パートナーは二七歳の女性Fさん。今年になってけんかになると、EさんはFさんから物を投げつけられたり殴られたりする回数が増えている。「相手は女性だから」と思って我慢していたが、体格のよい大柄なFさんの暴力に傷やあざが絶えなくなり、友人に相談した。だが、痴話げんかとしてしか取りあってもらえず、悩んだ末、女性センターで資料を探してドメスティック・バイオレンスという言葉を知った。さっそくセンターの相談窓口に行ったが、「本当に彼女が暴力をふるっているんですか？　あなたが悪いところはなかったんですか？」と担当者に言われ、男性の外見のEさんを受け入れてくれるシェルターもなかった。Eさんは一緒に暮らしていた部屋を出たが、Fさんのストーカー的行為に悩まされている。法的書類上の性別について話さなければならないのが嫌で、警察にも訴えられないでいる。

○ケース4　Gさんは三七歳の男性会社員。四一歳の男性のパートナーHさんと三年前から同居している。Hさんは昨年会社をリストラされ、現在、無職。なかなか再就職がうまくいかず、もともと多かった飲酒量も増えてきた。それと並行して、Gさんに対する暴力が始まった。「男同士だしなんとかなる」と考えていたGさんは最初あまり問題視していなかったが、暴力は日に日にひどくなり肉体的にも精神的に追い詰められてきている。しかし、この問題をどこに相談したらよいかわからない。インターネットで調べたが、発見できたのは異性愛の男女のケースだけ。男性が避難できるシェルターもないようだ。また、ゲイのためのドメスティック・バイオレンス相談窓口も探したが見つけることはできなかった。何か関連した情報が載っていないかとゲイ雑誌も見てみたが、男の暴力をワイルドでセクシーだとする記述があり、「こんなケースは自分たちだけではないか」とさらに失望を感じるようになってしまった。

2、LGBTIコミュニティとの連携

暴力を受けている当事者が、レズビアン、ゲイ、バイセクシュアル、トランスジェンダー、インターセックス（LGBTI）などの場合、以前から当事者グループに参加していることがある。しかし、そこでは必ずしもドメスティック・バイオレンスに対してのサポートが受けられるとは限らない。フェミニストの性暴力反対運

動の歴史のなかでは多くのレズビアンやバイセクシュアル女性が活躍してきたが、残念ながら、その蓄積がＬＧＢＴＩ対象のすべての当事者グループにそのまま受け継がれているわけではない。ドメスティック・バイオレンスや性暴力に関心と理解を示すサークルや活動家は増えてはいるが、これらの問題にきちんと対応できる体制を整えているグループは今のところ日本ではほとんどないのが現状である。そのため、ドメスティック・バイオレンスや性暴力のサポートグループや機関と、セクシュアリティ関連のグループがより有機的に連携することが重要である。全国にはさまざまな自助グループなどがあるので、インターネットや電話相談などで調べ、お互いの得意分野を補い合い、協同で当事者をサポートする必要がある。

また、ドメスティック・バイオレンスを受けている、または受けていた人のための自助グループについては、参加者が「性別違和感をもたない異性愛の女性」でない場合、参加しにくく、居心地がよくない思いをすることがある。統計的な資料はないが、法的書類上の性別が「男性」であったり、書類上は「女性」だが外見が「男性」に見える人は、シェルターの利用やグループへの参加を断られる場合が圧倒的に多いと思われる。また、運よく自助グループへの参加を許されたとしても、ほかの参加者と本人やパートナーの立場が異なる場合、自分のドメスティック・バイオレンスの経験について話そうと思っても話しづらいことがある。こうした事実を踏まえながら、社会資源を紹介するときは、当事者にとっての使いやすさと居心地のよさを考慮に入れる必要がある。支援の現場で当事者がまた差別にあったり、二次被害を受ける前に配慮できることはたくさんある。そのためにはサポートする側が自分の先入観を押し付けず、当事者の話をよく聞くことが大切だといえる。

3、性の多様性への理解と複合的な体験への総合的な援助の必要性

人はジェンダーやセクシュアリティのあり方ゆえに、社会からの抑圧、差別、偏見、無理解・暴力にさらされることがある。すでに傷つけられ社会的に弱い立場に置かれているのに、ドメスティック・バイオレンスを受けた場合、社会だけではなくパートナーからも追い詰められ、心理的なダメージをさらに大きく受ける可能性がある。ジェンダーやセクシュアリティのあり方から自分自身を肯定的にとらえられず、家族や友人との関係が疎遠になっていたり、仲間と出会えないなど、周囲か

ら孤立している人はなおさらのことである。
付け加えると、ドメスティック・バイオレンスの当事者は、過去にも子ども虐待や性暴力、セクシュアル・ハラスメント、バッシング、いじめなど暴力の被害体験や加害体験を持っている可能性がある。心の回復のためには、それぞれの複雑な体験を総合的に批判されずに話せる安全な場が必要である。一人の人間の中には、たくさんの体験が重なり合っている。サポート側のスタッフはできるだけあらゆる可能性を考えながら対応を心掛けることが望ましい。

［付記］
本稿は、S.L'Heureuxとの共同執筆であり、「主張するTシャツ」を集める会（現・（特活）主張するTシャツの会）編・発行の『ドメスティック・バイオレンス支援者基礎講座　被害当事者と協働するための10講』の第7講として収録されたもの。
また、改正ＤＶ防止法が、その後の二〇〇四年一二月二日に施行されている。主な変更点は以下のとおり。１・「配偶者からの暴力」の定義が広がり、婚姻関係（事実婚も含む）間の暴力に加え、離婚後（事実婚の解消後）引き続き暴力を受けている場合も対象となった。また、身体的暴力だけでなく精神的に有害な言動も「暴力」の範囲に加えられた。2．被害者だけでなく、被害者と同居する子についても接近禁止命令を出すことなどが可能になった。3・被害者の自立支援や保護は「国及び地方公共団体の責務」として明記された。

セクシュアリティを考える拠点に

クィアと女性のための新たな共闘の場の提案

QWRCとは何か

二〇〇三年四月一日（火）、大阪でQueer and Women's Resource Center（QWRC：クォーク）がオープンした。QWRCはセクシュアリティとジェンダーをテーマとして活動する個人と団体のためのリソースセンターで、レズビアンやバイセクシュアル女性をはじめとする女性、ゲイ、バイセクシュアル男性、トランスジェンダー、インターセックスの人などの自助・支援・表現活動の活性化とネットワーク作りを目的として運営している。また、書籍を中心に、関連資料の収集やサポートのための情報発信なども行なっている。

QWRCは、さまざまな立場の有志が運営スタッフとして共同で運営にあたり、スペースの維持管理を行っている。また、QWRCの趣旨に共感していただける方なら誰でも参加していただくことができるカフェ形式の交流イベント「QWRCデー」「ＱＷＲＣナイト」開催を中心に、各種イベント・講座・交流会の企画や開催も手がけている。オープン一ヶ月余りで、利用者数はすでに延べ二〇〇名近くに達し、特に単独では事務所設立が難しい小規模な活動団体や個人を中心に利用されている。

ＱＷＲＣ発足の経緯と目的

ＱＷＲＣ発足に至ったのは、二〇〇三年一二月に神戸で開催される予定の第七回アジア・太平洋地域エイズ国際会議★に向けて、ＨＩＶ／ＡＩＤＳに関わる活動に長年携わってきた仲間から「何か企画を立てないか」と個人的な呼びかけがあったことが直接のきっかけだった。ＱＷＲＣのようなセンター構想はそれ以前からあったのだが、具体的に発足に向けた動きはそのネットワークの中から生まれたものだ。

私たちはこのような形のリソースセンターが生まれたことは必然だと考えてい

★**アジア・太平洋国際エイズ会議**　ＨＩＶに対して有効で地域に密着した対策を講じるために、すべてのコミュニティ間の連携をはかりエイズの予防・治療・ケアをめぐる戦略に総ての人が平等に参加できるようにし、それぞれの成果を共有できるようにしようという目標を掲げている。ＨＩＶ／ＡＩＤＳと共に生きている人（ＰＬＷＨＡ）、ＬＧＢＴすなわちレズビアン、ゲイ、バイセクシュアル、トランスジェンダー、薬物使用者、セックスワーカーに対する差別と偏見のある現状の中、ＨＩＶ感染を予防する知識や情報を普遍化するために「科学とコミュニティの英知の統合」を目指している。

る。行政主導の女性センターなどは数年程前から各地に増えているが、多くの場合、性別違和感のない異性愛の女性が利用者として想定されているため、レズビアン・ゲイ・バイセクシュアル・トランスジェンダー・インターセックス（ＬＧＢＴＩ）にとって必ずしも使いやすくはできていない。いくつもの施設で、セクシュアリティについて豊富な知識を持つ意識の高い職員が活躍しているのは事実だが、残念ながらその人たちが各施設の主流派かと言えばそうではなく、有機的な連帯とサポートの場とはなっていないというのもまた現実だ。

ＱＷＲＣ構想の範としては、北米や欧州などに点在するＬＧＢＴセンターの存在があった。個々の地域の状況によって規模やサービス内容も異なる、さまざまな団体が活動し交流し情報を共有するための拠点として、各種イベントや講座の会場として、また、安全に医療サービスやカウンセリング、法律相談など各種のサポートを受けることができる場所としてそれらのセンターは機能している。日本では「レズビアンとバイセクシュアルの女性のためのスペース・ＬＯＵＤ」が東京においてすでに一九九五年より運営されているが、ＬＧＢＴＩをテーマとして掲げるスペースはこれまで存在しなかった。

セクシュアリティやジェンダー関連の問題を取り扱う多彩な活動団体が存在し、また、多くの活動家が活動を担っているが、活動の現場にいた私たちは、より広い連帯のため、媒介となるスペースや機関の必要性を強く感じてきた。

QWRCはその名の通り、クィアと女性のためのリソースセンターである。LGBTIセンターのある北米や欧州の諸国の例にならわず、あえてセンターの名称に「Women」と明記したのは、私たちQWRC運営スタッフがレズビアン、ゲイ、バイセクシュアル、トランスジェンダー、インターセックスの活動と、フェミニズムの中での幅広い活動をはじめとして、女性たちがこれまで積み重ねてきた成果をつなぎあわせていきたいという強い思いがあったからだ。

この国で女性たちの置かれている性差別的な現状と、性別二元制、異性愛強制社会は強く結びついている。そうした現実に対して、LGBTIの人々と女性たちが交流し、それぞれの経験や資源を分かち合い、共闘していくことは、社会を変革していくための一つの実践の形として大きな意味を持つと私たちは考えている。

私たちはレズビアンやバイセクシュアル女性をはじめとする女性たちと、法的書類上の女性であるFTMトランスジェンダー、女性として社会生活を送っているM

ＴＦトランスジェンダー、女性か男性かという性別の選択をしたくない、あるいはどちらとしても生きたいトランスジェンダー、多様な身体的状況を抱えながら女性か男性としての生活を余儀なくされているインターセックス、異性愛が当然とされている社会の中でレズビアンやバイセクシュアル女性、トランスジェンダー、インターセックスの人たち同様、生きにくさに直面している性別違和感のないゲイ男性やバイセクシュアル男性の共闘の可能性を、ここＱＷＲＣを拠点として開くことを通して探っていきたいと考えている。たくさんの方の支援を得て、ＱＷＲＣを短期間で発足することができ、告知を始めた当初からアクセスが絶えないのは、それだけこうしたセンターが多くの人に必要とされていたからだと思う。

今後の目標として、私たちは、ＱＷＲＣを拠点とする個人や団体のそれぞれの活動を大切にしながら、より大きな力強いネットワークを作っていくことを掲げたいと思う。それぞれの違いを大切にするために、お互いを知り合い、課題を共有し、新しい発見をしていくこと。ＱＷＲＣというささやかなスペースを媒介として、新たな波が生まれることを私たちは願っている。

QWRC（Queer and Women's Resource Center）
通称・クォーク。連絡先　〒530-0047　大阪市北区西天満4-5-5
京阪マーキス梅田707号室　Tel/Fax 06（6585）0740
Eメール　info@qwrc.org　ホームページ　http://www.qwrc.org
電話相談　毎月第1月曜日　19時半から22時半
電話相談専用番号　06（6585）0751

あとがき

この本を出すきっかけになったのは、レズビアン・フェミニストのサイト「いらつめ」に原稿を発表する機会を与えてもらったからだ。それと併せてこれまで『インパクション』に発表してきた原稿、そして書き下ろしを何本か書かせていただき、上梓することとなった。

この五年間は私にとって本当に大きな五年間だった。大阪でＦＴＭの自助グループ・Ｔジャンクション設立、二〇〇三年同じく大阪でＱＷＲＣ（クィア&ウーマンズ・リソース・センター）設立、そして二〇〇三年旅行先の天橋立でクモ膜下出血と脳梗塞で倒れ、二〇〇四年復活。倒れて、倒れる前三年間の記憶を失った私は、気がついた時、三歳若いと勘違いしていた。まるで映画の中か、芝居の中のようで、私は誰かに騙されてるんじゃないかと本気で思った。しかし、雑誌も新聞も、二〇〇三年。私の頭の中の記憶は真っ白で、本当に不思議だったが、信じざるを得なかった。

そしてもう一つ。私は倒れるまでゲイ・アイデンティティを持っていたが、復活した後はポリセクシュアル＝パンセクシュアルになっていた。脳のせいなのかどうかは分からないが、人の性嗜好って変わるんだなと実感。

人のセクシュアリティは面白い。FTMやMTFとつき合っているネイティブのヘテロセクシュアルの女性や男性もいるし、もちろんレズビアンやゲイもいる。では彼／女たちは何をもって自分をヘテロセクシュアルやレズビアン、ゲイとアイデンティファイしているのだろう。

この本は、「普通の」性同一性障害についての本ではない。私は情報収集のため、GID研究会には行くが、自分のことを性同一性障害とは決して言わない。私に、もしレッテルを貼るなら、トランスジェンダー（性別越境者）というカテゴリーしかない。

トランスジェンダーとフェミニズム。私はトランスしているフェミニストの一人として今、ここにいる。私はＦＴＭ（female to male）に見えるため、「男の特権を手に入れたかった人」と解釈されるかも知れない。しかし、私はもしも自分が下半身の手術をするとしても、戸籍上の性別変更をするつもりは全くない。私はずっと「性別」という強固なものの境界線上に立ち続ける。そして、トランスジェンダーが自らの境界線上の視点から、フェミニズムにもたらすものがあると信じている。

田中　玲

初出一覧

第1章◎なぜトランスジェンダー・フェミニズムか

「女」というカテゴリー（※田中玲子名義）◎『インパクション』一一七号（二〇〇〇年一月号）

なぜトランスジェンダー・フェミニズムか　※書き下ろし

女である、ということ　◎「いらつめ iratsume 」URL　http://selfishprotein.net/lesart/
http://selfishprotein.net/lesart/jap/2004/041204a.shtml　二〇〇四年一二月四日

フェミニズムとの新たな共闘へ　※書き下ろし

第2章◎トランスジェンダーという選択

トランスジェンダーという選択◎『情況』二〇〇四年四月号〈リレー連載「逆風に立つ」第6回〉

トランスジェンダーとしてのカムアウト
◎「いらつめ iratsume 」URL　http://selfishprotein.net/lesart/
http://selfishprotein.net/lesart/jap/2004/040918a.shtml　二〇〇四年九月一八日

ポリガミーという生き方　◎「いらつめ iratsume 」URL　http://selfishprotein.net/lesart/
http://selfishprotein.net/lesart/jap/2004/041005a.shtml　二〇〇四年一〇月四日

パートナーの親に会いに、アメリカへ行く　※書き下ろし

第3章◎「性同一性障害」を超えて、性別二元制を問い直す

「性同一性障害」を超えて、性別二元制を問い直す◎『インパクション』一三七号（二〇〇三年八月号）

性同一性障害者の性別の取扱いの特例に関する法律をめぐって　※書き下ろし

典型的なＦＴＭトランスセクシュアルの個人史　※書き下ろし

正規ルートの診療とは◎「いらつめ iratsume」ＵＲＬ http://selfishprotein.net/lesart/
http://selfishprotein.net/lesart/jap/2004/041012a.shtml　二〇〇四年一〇月一二日

第4章◎多様な性を生きる

すべての言葉を貫く「私」という通底音（※田中玲子名義）
◎『クィア・スタディーズ96』クィア・スタディーズ編集委員会　七つ森書館　一九九六年

炸裂する過激な愛　※書き下ろし

あなたが本当にジェンダーから自由になりたいのなら◎『インパクション』一五〇号（二〇〇六年一月号）

パートナーシップとは何か◎『インパクション』一四二号（二〇〇四年九月号）

多様な性を生きる人たちとＤＶ（S.L'Heureux との共同執筆）
◎『ドメスティック・バイオレンス支援者基礎講座　被害当事者と協働するための10講』
「主張するＴシャツ」を集める会編・発行　二〇〇二年

セクシュアリティを考える拠点に◎『インパクション』一三六号（二〇〇三年六月号）

[著者紹介]

田中 玲（たなか・れい）

ポリガミー（正確にはポリアモリー、ノンモノガミー）でパンセクシュアルのFTM系トランスジェンダー。正規ルートで診療するつもりはなく、戸籍を変えるつもりもない。何よりも個人への保障を充実させ、支配的な戸籍制度が廃止となることを望んでいる。

もともと「田中玲子」としてレズビアンコミュニティに属して活発に活動していたが、トランスする時、距離を置いた。

FTMとFTXのセルフヘルプグループ・T-junction創設。その他にもいろんな活動団体に属して活動していたが、方向性の違いなどから現在はT-junctionのみ。中崎クィアハウスというシェアハウスを拠点に新しい動きを作れないか模索中。

2003年9月に外傷性クモ膜下出血と脳梗塞、水頭症で倒れ、4ヶ月半入院、リハビリのため、10ヶ月通院。脳の病気の影響で高次脳機能障害になり、精神障害者でもある。今後はドメスティック・バイオレンスと性暴力のサバイバーとしてサバイバーに役立つ支援をしていきたいと思っている。

ブログ：NEXT STEP～『トランスジェンダー・フェミニズム』の現在（http://d.hatena.ne.jp/raytnk/）

トランスジェンダー・フェミニズム

2006年3月1日　第1刷発行
2021年9月10日　第3刷発行

著　者　田中 玲
発行人　深田 卓
装　幀　田邊 恵里香
発　行（株）インパクト出版会
113-0033 東京都文京区本郷2-5-11 服部ビル
Tel 03-3818-7576　Fax 03-3818-8676
Eメール　impact@jca.apc.org
ホームページ　http://impact-shuppankai.com/
郵便振替　00110-9-83148

モリモト印刷

トランスジェンダー・フェミニズム

用語解説（2015年版）

ＤＶ　*domestic violence*
　ドメスティック・バイオレンス。同居している恋人や配偶者からの暴力を指す。肉体的，性的，精神的，経済的暴力など，力と支配の関係を作り出す暴力は全てドメスティック・バイオレンスである。被害者はもちろん，ヘテロセクシュアル女性だけでなく，レズビアン，ゲイ，バイセクシュアル，パンセクシュアル，ポリセクシュアル，トランスジェンダー，インターセックスなど，あらゆるセクシュアリティやジェンダーの人がいる。

ＤＶ防止法
(配偶者からの暴力の防止及び被害者の保護に関する法律)
　ドメスティック・バイオレンスを防止し被害者を保護するための法律。しかし，今は性別違和のない婚姻関係にあるヘテロセクシュアル女性のことしか想定されていない。

ＦＴＭ　*female to male*　エフ・ティー・エム
　生物学的女性（F）と定義され，男性（M）として生きる道を選んだトランスジェンダー（性別越境者）。

ＦＴＭＴＸ　*female to male to X*　エフ・ティー・エム・ティー・エックス
　生物学的女性（F）と定義され，身体的には男性に見える形にトランスしたが，どちらでもない性別（X）として生きる道を選んだトランスジェンダー（性別越境者）。

ＦＴＸ　*female to X*　エフ・ティー・エックス
　生物学的女性（F）と定義され，どちらでもない性別（X）として生きる道を選んだトランスジェンダー（性別越境者）。

ＧＩＤ　*gender identity disorder*　ジェンダー・アイデンティティ・ディスオーダー
　性同一性障害のこと。性別違和を生まれつき抱えて，「心の性」とは違う自分の身体を，ホルモン投与や外科手術で異性の身体に変えずにはいられない精神疾患名。

ＨＩＶ／ＡＩＤＳ
　エイズ（ＡＩＤＳ）とは後天性免疫不全症候群（Acquired Immunodificiency Syndrome）の頭文字をとったもので，遺伝的な原因があるのではなく，ＨＩＶウイルスに感染することによって免疫がうまく働かなくなって，いろいろな症状を示す病気のこと。ＨＩ

ＩＶ（ヒト免疫不全ウイルス）と呼ばれるウイルス性の病原体が原因で起こる感染症。ＨＩＶは，感染者の主に精液・膣分泌液・血液・母乳の中にいる。これらが傷口や，セックスの時に体の粘膜に直接触れることで感染の可能性が出てくる。

ＬＧＢＴＩ　エル・ジー・ビー・ティー・アイ

レズビアン，ゲイ，バイセクシュアル，トランスジェンダー，インターセックスの頭文字を並べた略。

ＭＴＦ　*male to female*　エム・ティー・エフ

生物学的男性（M）と定義され，女性（F）として生きる道を選んだトランスジェンダー（性別越境者）。

ＭＴＸ　*male to X*

エム・ティー・エックス

生物学的男性（M）と定義され，どちらでもない性別（X）として生きる道を選んだトランスジェンダー（性別越境者）。

ＰＡＣＳ（連帯市民協約）法

フランスで1999年に可決。民事契約によるパートナーシップ制度で，婚姻カップルと同等の権利を保障される。同性愛や未婚のカップルのみならず，友人同士などでも契約できる。

ＳＲＳ　*sex reassignment surgery*

性別再指定手術。性転換手術のこと。生殖器を取り去り，性器の外観を希望する性別に似せるところまでを言う。

ＴＧ

トランスジェンダーの略。

ＴＳ

トランスセクシュアルの略。

ＴＳ原理主義

「世の中には男と女しかいない」という男女二元論から，トランスセクシュアルを「間違った身体を持って生まれた女／男」と主張すること。

ＴＶ

トランスヴェスタイトの略。

アイデンティティ　*identity*

「自分は～である」という自己認識。当然「自分は人間である」「自分は日本人である」「自分は女・男である」「自分はレズビアンである」「自分はフリーターである」など，一人の人間はたくさんのアイデンティティを持っている。内面だけに留めているアイデンティティもあれば，外向けに政治的な立場として表現するアイデンティティもある。

アジア・太平洋国際エイズ会議

ＨＩＶに対して有効で地域に

密着した対策を講じるために，すべてのコミュニティ間の連携をはかりエイズの予防・治療・ケアをめぐる戦略に総ての人が平等に参加できるようにし，それぞれの成果を共有できるようにしようという目標を掲げている。ＨＩＶ／ＡＩＤＳと共に生きている人（ＰＬＷＨＡ），ＬＧＢＴすなわちレズビアン，ゲイ，バイセクシュアル，トランスジェンダー，薬物使用者，セックスワーカーに対する差別と偏見のある現状の中，HIV感染を予防する知識や情報を普遍化するために「科学とコミュニティの英知の統合」を目指している。

アセクシュアル *asexual*

無性。誰に対しても性的欲望のない人。

異性愛

ヘテロセクシュアル。女，男といった２つの性別観にもとづいて，自らとは異なるもう一方の性別の人を性的対象とするセクシュアリティ。トランスジェンダーで，トランス後の性別とは別の性別の人を性的対象とする人も含まれる。

異性愛主義

ヘテロセクシュアルであることを当然，自然であるとし，その他のセクシュアリティを認めない考え方や，そういった考え方をもとにつくられている法的・社会的枠組みをさす。

異性装

自らとは異なる性別に属するジェンダーを表すような服装をすること。女装は，女性のジェンダーとされているスカートやブラジャーなどを主に生物学的男性が身につけること。男装はその逆で，スーツやネクタイなどを生物学的女性が身につけること。異性装を好む人をクロスドレッサー，あるいはトランスヴェスタイト（ＴＶ）という。

インターセックス *intersex*

間性。半陰陽者。生まれた時，女性とも男性ともはっきり言えない性器を持っている人たち。男女どちらのものももっている場合もあり，どちらのものももっていない場合もある。グラデーションの性別は認知されていないため，出生後，できるだけ早く医者が独断で近似していると思われる性別に外科手術をして似せていく。インターセックスの当事者団体ＰＥＳＦＩＳ(peer support for intersexuals) http://home3.highway.ne.jp/pesfis/ はそれに強く反対している。

ウーマン・ヘイティング *woman hating*

女性嫌悪。女性蔑視。ミソジニーとも言う。

おかま

ゲイを表す差別語だったものを当事者が奪い返し，ポジティブな

意味で使っている当事者もいる。

おなべ

主に生物学的女性と定義されている人が，男装し，バーなどで主にヘテロセクシュアルの人を相手に接待する職業名。バーによっては，身体的トランスが許されない店もあるが，トランスしている人も多い。

改名

家庭裁判所で認められれば戸籍上の改名が成立する。５年以上の使用歴を示すのも一つの方法だが，今は性同一性障害として訴えれば，わりと簡単に通る。裁判官に直接会うわけではなく，法廷に出ることもない。裁判官との間に入ってくれる調査官と面接し，あれば診断書を，なくても通名の郵便物や公共料金の領収書，名刺などを提示し，そこで理由が認められれば，後はその調査官が裁判官に代わりに訴えてくれる。しかし，これは調査官や裁判官の認識で左右される可能性も大きい。私の友人のＦＴＭの人からは，元の名前から取った名前を押し付けられそうになったと聞いている。

家父長制度

家長（戸主）による家族支配の形態。家長は基本的に男性で，男性優位主義と密接に結びついている。現憲法公布にともない決定権や財産管理において「夫婦は同等」とされたが，慣習として男性が女性を支配し，年長者が年少者を支配する権力構造は根強く残っておりこれを家父長制と呼ぶ人もいる。

カムアウト／カミングアウト *come out, coming out*

英語では，自分のセクシュアリティを隠すことを「クローゼット」と言うので，クローゼット（押入れ）から出るという意味で，自分のセクシュアリティなどを他者に明らかにすること。そのことにより攻撃されるという危険性もあるが，自分に近しい人に理解してもらえたら，楽になることもある。

クィア *queer*

「変態」という差別語だったものを当事者が奪い返し，ポジティブな意味で使っている。レズビアン，ゲイ，バイセクシュアル，トランスジェンダー，インターセックスを一言で言うとこの言葉になるだろう。「クィア映画」などで日本に入ってきた感もあるが，一般にはそれほど定着していない。レインボーがシンボルカラー。

クロスドレッサー *cross dresser, ＣＤ*

女装，男装をする異性装者。（ホルモン投与や外科手術をしない。）

ゲイ *gay*

男性同性愛者。元々の男性だけ

でなく，女性に生まれて現在男として生活しているＦＴＭで，男性が性的に好きな人も含まれる。

皇室

　皇室典範に定められた天皇家一族をさす。係累としての宮家までを皇族と呼び，国家予算の枠内で身分と生活の保障がなされている。日本国憲法第１条によって天皇は日本の「象徴」とされているが，その存在の曖昧さや大日本帝国憲法下で「統治者」として戦争を主導した天皇・皇族の存続，そのあり方については賛否両論がある。

皇室予算

　2005年度で内廷費（天皇家の私費）3億2400万円，宮廷費（天皇家の公費）63億302万円，皇族費（宮家へ支給）2億9982万円。この他，皇宮警察の予算，宮内庁費108億3257万円の予算を加えると，公的な数字だけでも莫大なものになる。宮内庁ホームページより http://www.kunaicho.go.jp

公正証書

　公証人を立てて他者と契約した証書のこと。同性婚ができないゲイやレズビアンの中ではパートナーとの関係を確保する一形式。

戸籍

　1871年（明治４年）布告，翌年施行されたいわゆる「壬申戸籍」に始まる身分関係に関する登録制度。天皇・皇族を除く日本国籍者を対象に，氏を同じくする夫妻および未婚の子，すなわち「家」ごとに編製される。居住地での住民登録とは別に，筆頭者（戦前は戸主）とそれとの続柄が連綿と記録されていくものであり，そこから家柄などがたどれる仕組みになっている。戦前の植民地にも強制され，日本のほか，台湾，韓国（韓国は2008年廃止）の三地域に戸籍制度は存在している。家柄だけではなく，性別，養子の別，結婚・離婚歴なども登録され効力をもつ。

コミュニティ　*community*

　ゲイやレズビアンなどは自分たちのネットワークを「コミュニティ」と呼ぶ。ゲイ・コミュニティ，レズビアン・コミュニティなど。

婚姻制度

　いわゆる法律婚。日本においては，異性愛のカップルのみに限られており，届け出をすることで成立。税制や法的保障などの面で，届け出婚とそれ以外には事実上の格差が設けられている。民法によって定められ，氏を揃える（夫婦別姓は認められない）ことや互いの親族の養育義務などが条件となっている。異性愛のカップルの場合，「事実婚」として法律婚と同じ制度を利用できる場合もある。

サードジェンダー　*3rd gender*

　「男」でもなく「女」でもなく，

第三の性として既成の性別概念を超えた生き方を選択する人。

サバイバー *survivor*
　性暴力や子どもの時の虐待を生き抜いた人。又，生活を共にする恋人や配偶者からの身体的・精神的・経済的暴力（ドメスティック・バイオレンス）から逃げ延びた人のこと。生存者，生還者。無力で弱々しい意味合いの「被害者・犠牲者（victim）」という呼び方から変化した。加害者は社会的地位が高い人も多く，外面はいい。そして，何よりも加害行為に鈍感で，まるで忘れているかのように加害意識がない。そのため，なかなかサバイバーは周囲の理解を得られない。また，何とか関係を切りたいとサバイバーが逃げても，しばしばストーカーのようにつきまとわれる。ドメスティック・バイオレンスは，トランスジェンダーでない人同士のヘテロセクシュアルの関係だけでなく，ゲイやレズビアン，バイセクシュアル，ポリセクシュアル，パンセクシュアル，トランスジェンダー，インターセックスなどの中にも起こる。

シェルター *shelter*
　ドメスティック・バイオレンスから逃れるため，女性に開かれた支援機関。期間限定だが，もちろん宿泊もでき，子どもも一緒に滞在できる。ケースワーカーの支援を得て，その後の生活を考えつつ，次のステップに移る拠点となるところ。男に見える人は基本的に入れないので，クィアのためのシェルター創設が望まれる。

ジェンダー *gender*
　心理的，社会的な性別。

ジェンダー・アイデンティティ *gender identity*
　性自認。アイデンティティとは「自分は～である」という自己認識のことである。当然「自分は人間である」「自分は日本人である」「自分は女・男である」「自分はレズビアンである」「自分はフリーターである」など，一人の人間はたくさんのアイデンティティを持っている。内面だけに留めているアイデンティティもあれば，外向けに政治的な立場として表現するアイデンティティもある。ジェンダーは心理的，社会的な「性別役割」を指す用語であり，ジェンダー・アイデンティティとは，自らの性について，他者による規定ではなく，自らが認識する／している性のありようをいう。

ジェンダー・クィア *gender queer*
　「男」「女」と言う，既成の性別概念を超えた生き方やジェンダー表現を選択する人。

ジェンダーバイアス *gender bias*
　「男らしさ」「女らしさ」を基本としてジェンダーに縛られた価値

観。また，男尊女卑によって偏った見方。

ジェンダーベンダー　*gender bender*
性別を曲げる人という意味。ジェンダークィアのように，ストレート＝ヘテロセクシュアルに対して「男」「女」というジェンダーを曲げてしまい，規制の性別概念を超えた生き方を選択する人。

ジェンダーブレンダー　*gender blender*
性別を混ぜる人という意味。いろいろなジェンダーを混ぜてしまい，規制の性別概念を超えた生き方を選択する人。

自助グループ
同じアイデンティティや経験を持つ人同士が集まり，情報交換やアドバイスが受けられる場所。

自由診療
性同一性障害治療の正規ルートではない診療。もちろん医師免許のある医師が診療を担当するが，ジェンダー・クリニックではない。そのため，「闇」と呼ばれる。

主婦レズ
男性と結婚しているが，レズビアンとして女性と付き合っている人，付き合いたいと思っている人。主に差別語。

純女（じゅんめ）
出生時に「女」と指定され，今も「女」として生きている人。

女装
生物学的男性が女性の衣服を身に付けるだけで満足すること。

女装コミュニティ
新宿など，女装する人ばかりが集まり，メイクや女装の出来る店がある。そこで生まれるコミュニティ。

シングル　*single*
個人単位であることを選ぶ生き方。独身者や単身者への偏見や差別の克服，家族や婚姻によらない生き方への模索から生まれた，自己決定の意思を含む概念。

ストレート
性的指向が異性にのみ向かう人。ノンケとも言う

純男（すみお）
出生時に「男」と指定され，今も「男」として生きている人。

性≠*sex*
「セックス」とは性行為の意味で使われるが，生物学的性別を指す用語でもある。トランスジェンダーやインターセックスが存在する以上，きっぱりと男女の２つに分かれるものではない。生物学的性差，性別がセックスと言われ，それ以外のものはジェンダーと言

われてきたが，一人ひとりの身体や性のあり方は社会の権力構造の中で定義され，作り上げられるので，その全てをジェンダーと呼んでもいいという考え方もある。

性同一性障害　*gender identity disorder, ＧＩＤ*

性別違和を生まれつき抱えて，「心の性」とは違う自分の身体を，ホルモン投与や外科手術で異性の身体に変えずにはいられない精神疾患名。

性同一性障害者の性別の取扱いの特例に関する法律

（性同一性障害者性別取扱特例法）

2003年7月2日可決成立，2004年7月16日施行。初の適用は同年7月28日那覇家庭裁判所が20代のＭＴＦ，同年8月27日ＦＴＭに初の適用（東京家裁）。

性別二元制，性別二元論

人間には女と男の二種類しかいないという認識。世界の全ては男女という二分法で語られる。

性別適合手術　*sex reassignment surgery, ＳＲＳ*

性別再指定手術。性転換手術のこと。生殖器を取り去り，性器の外観を希望する性別に似せるところまでを言う。

セーファーセックス　*safer sex*

ＨＩＶやＳＴＤ（性感染症）の感染を防ぐため，精液・膣分泌液・血液と粘膜の接触は避けた方がいい。そのため，コンドーム，女性用コンドーム，クニリングスやアナリングスなどオーラルセックスの場合のデンタルダム（15cm四方位にカットされた薄い歯科医用ゴム膜），サージカルグローブ（手術用ゴム手袋）など，ほとんどラテックス製のセーファーセックスグッズを使って，比較的安全なセックスをすること。ラテックス製にアレルギーのある人の場合には，ポリウレタンやニトリルでできたものもある。種類によってはキッチン用ラップも使える。ＳＴＤやＨＩＶウイルスの感染を防ぐためには，一人との関係に絞るより，定期健診をし，セーファーセックスをすることが望ましい。なぜなら，相手も自分もそれまでセックスの経験が本当になかったら別だが，たいていの人はセックス経験がある。そのため，セーファーセックスを最初からしなければ，過去のことも含めてリスクを負わなくてはならないからだ。

セクシズム　*sexism*

性差別。男性優位主義。偏見に基づき，特定の性のあり様のみを正しいとし，他のあり様を排外・攻撃することを正当化する立場。

セクシュアル・オリエンテーション　*sexual orientation*

性指向。レズビアン，ゲイ，バ

イセクシュアル，ポリセクシュアル，パンセクシュアル，ヘテロセクシュアルといった性別二元論の下に言う性的指向と理解されることが多い。しかし，例えばゲイであれば，ガチムチ専，デブ専，リーマン専，ジャニーズ専などと分かれることから，性的嗜好という言い方もある。誰専という本当に誰でも構わないという人もいるにはいるが，例え「男」が好きであっても，ほとんどの人にとっては，全ての「男」がいいわけではないのである。

セクシュアル・ハラスメント
sexual harassment

いわゆるセクハラ。相手の意思に関係なく，性的に身体を触れたり，性的な言葉を発したりすることを言う。しかし，ほとんどの加害者は加害意識がない。

セクシュアル・マイノリティ
sexual minority

性的少数者。正確に言うといろいろなファンタジーやＳＭ，スカトロ（糞尿愛好）なども入るが，レズビアン，ゲイ，バイセクシュアル，トランスジェンダー，インターセックスを総じてこう表記する場合が多い。

セパレイト／セパラティズム
separate, separatism

分離主義。セクシュアリティの違いから，他を排除する集団のあり方。

ソドミー法　*sodomy low*

同性愛行為を禁止する法。「ソドミー」とは，聖書に出てくる「ソドム」という古い町の名前に由来する。この町は，ゴモラの町と共に焼き滅ぼされた。キリスト教においては，その原因は町の住民が同性愛に耽ったためであると解釈されている。中世では，男性同性愛行為は，火刑か生き埋めにするのが慣習法だった。ソドミー法を最初に廃止したのは1791年フランスで。1794年ベルギーとルクセンブルグで，1811年オランダとイタリアの一部で。さらにフランスの影響は，スペイン，スイス，トルコに及んだ。最後にヨーロッパ人権裁判書は，ソドミー法は欧州人権保護条約８条に違反すると判示した。アメリカ合州国では，1986年ソドミー法を合憲としているが，2003年に違憲とした。日本では，1872年，鶏姦条例を施行しているが，1908年，廃止された。

ダイク　*dyke*

クィアなレズビアンを指す言葉。

単性愛

ゲイ，レズビアン，ヘテロセクシュアルと，一つの性別だけに向かう性嗜好。これと違うのは男女どちらにも向かう両性愛のバイセクシュアル，複性愛とも言えるポリセクシュアル，パンセクシュア

ルである。

男性ホルモン投与

男性ホルモンを投与すると，１～２ヶ月目で月経が止まり，３～４ヶ月目で声変わりする。その頃から筋肉質な体型になりはじめ，クリトリスが肥大する。投与し続けている限りにおいて，そのラインで安定していくが，卵巣と子宮摘出せずホルモン投与を止めると，声は戻らないが，また月経が始まる。

男装

生物学的女性が男性の衣服を身に付けるだけで満足すること。

同性愛

性的指向が同性に向いている人のこと。レズビアン，ゲイのほか，ＦＴＭゲイ，ＭＴＦレズビアンも含まれる。

同性婚

日本では認められていないが，同性同士で婚姻すること。オランダでは2001年より異性愛カップルと同性愛カップルの差別を完全になくした制度が導入されている。

ドメスティック・パートナー *domestic partner*

生活を共にする恋人のこと。

ドメスティック・バイオレンス *domestic violence, ＤＶ*

同居している恋人や配偶者からの暴力を指す。肉体的，性的，精神的，経済的暴力など，力と支配の関係を作り出す暴力は全てドメスティック・バイオレンスである。被害者はもちろん，ヘテロセクシュアル女性だけでなく，レズビ アン，ゲイ，バイセクシュアル，パンセクシュアル，ポリセクシュアル，トランスジェンダー，インターセックスなど，あらゆるセクシュアリティやジェンダーの人がいる。

ドラァグ・キング *drag king*

「男」というものを戯画化し，ショーなどでパフォーマンス的に見せる人。主にレズビアンに多い。

ドラァグ・クイーン *drag queen*

「女」というものを戯画化し，ゴージャスな衣装や派手なメイクを施し，ショーなどでパフォーマンス的に見せる人。主にゲイに多い。

トランスする

性を越境すること。さまざまな方法がある。

トランスジェンダー *transgender, ＴＧ*

性別越境者。生まれた時に与えられたジェンダーと違うジェンダーのあり方で生活することを選んでいる人。広くは異性装のトランスヴェスタイト（ＴＶ），性器違和のあるトランスセクシュアル（Ｔ

Ｓ）も含まれる。トランスジェンダーの中には，ホルモン投与や手術をしない人（ノンホル・ノンオペ）から，ホルモン注射を打ったり，ＦＴＭなら乳房除去，ＭＴＦなら豊胸手術，または生殖器除去までする人もいる。

トランスジェンダーの日

４月４日がトランスジェンダーの日と，ＴＮＪ（ＴＳとＴＧを支える人々の会）が日本記念日協会に申請して認められた。しかし，「５月５日か３月３日が自分の節句だ」という当事者からの批判と，ゲイ業界の「おかまの日」，ニューハーフ業界の「かま節句」の横取りという批判を浴びた。

トランスセクシュアル
transsexual, T S

性器違和を第一の障害とし，性別を変えるために，生まれ持った性器への手術を必須のものとするトランスジェンダー。

トランスヴェスタイト
transvestite, T V

女装，男装をする異性装者。（ホルモン投与や外科手術をしない。）

トランスフォビア *transphobia*

トランスジェンダー嫌悪。

ナベシャツ

胸を押さえつけるために，オーダーメイドで前ナイロンファスナーで開閉，着易くぴったりしたシルエットの，肌着として着るコットンのベスト。大阪府八尾市の「洋服のオカ」が発明したことで有名。1972年，洋服の仕立てに出向いていた大阪市内キタとミナミの水商売のオナベの人の依頼で考案し，誕生した商品。今はベーシックなコットンだけでなく，メッシュや迷彩など種類も増え，インターネットでも販売している。http://www.nabeshatu-yofukuoka.com

ニューハーフ

（和製英語）主に生物学的男性と定義されている人で，女装し，バーなどで主にヘテロセクシュアルの人を接待する職業名。身体的にトランスする人も多い。

ネイティブ *native*

もともとの，という意味。例えば「ネイティブの女性」という場合には，生まれた時から現在まで自分を含め誰もが「女」だと思ってきた，生まれた時から法的書類（日本人の場合，戸籍）上の女性のこと。

ノンパス

本当は希望の性別「女」「男」として第三者に見られなくても構わないという姿勢。

ノンホル・ノンオペ

トランスジェンダーだが，ホル

モン投与をせず，外科手術もしていない人。

ノンモノガミー　*nonmonogamy*

「一対一の関係を優先するモノガミー」ではない付き合い方。

パートナーシップ法

パートナーシップ法　ドメスティック・パートナー（ＤＰ）法ともいう。税金控除や社会保険加入，財産相続・贈与，住宅の賃貸契約など，男女の婚姻カップルに優遇されてきた諸権利を，同性愛カップルや，男女の未婚カップルに認めるもの。世界で初めてドメスティック・パートナー制度が導入されたのは，1989年デンマーク。その後，ノルウェー（1993年），スウェーデン（1995年），アイスランド（1996年），オランダ（1998年），ドイツ（2000年），カナダ（2003年）などで導入されている。アメリカ合州国では，州や市レベルで導入されたところもある。参考）『同性パートナー――同性婚・ＤＰ法を知るために』赤杉康伸・土屋ゆき・筒井真樹子編著（社会批評社）

バイセクシュアル　*bisexual*

女性も男性も性的対象となる人。

バイ・バッシング

バイセクシュアルに対するレズビアンやゲイの偏見から来る批判。「本当はレズビアン／ゲイなのに，誤魔化してバイセクシュアルだと言っている」と思う人も多いようだ。しかし，実は結婚している，あるいは結婚したことのあるレズビアンやゲイや，ヘテロセクシュアルと恋愛やセックスしたことのあるレズビアンやゲイもたくさんいる。

パス　*pass*

例えば，ＦＴＭで人から「男」として見られたいなら，自己主張しなくても，誰もが「男」として見てくれるようになること。「パス度が高い・低い」などというふうに使う。

バレ系

自分のもともとの生物学的性とは違う「女」「男」として見られたくても，第三者から見てバレてしまう人のこと。

パンセクシュアル　*pansexual*

全てのジェンダー，性的指向の人，女，男，ＦＴＭ，ＭＴＦ，ＦＴＸ，ＭＴＸ，インターセックスなど本当に幅広い性的対象を持つ人。または，あらゆるセクシュアリティやジェンダーを持つ人々が集まれる場。

ヒジュラ　*hijra*

インドの中のＭＴＦトランスジェンダー。ヒジュラとはウルドゥー語で半陰陽，両性具有者を意味する。しかし，ほとんどのヒジュ

ラは去勢を行ったトランスジェンダーである。ヒジュラはシャーマン（巫女）として聖の部分を司ると共に，ダンサーやセックスワーカーとして収入を得ている。ヒジュラたちはファミリーを形成しており，グル（導師）のもとに何人かのチェーラー（弟子）が集まり共同生活を送っている。参考）『ヒジュラ――インド第三の性』石川武志著（青弓社），『ヒジュラ――男でもなく女でもなく』セレナ・ナンダ著（青土社）

ブルーボーイ事件

1969年，東京都の産婦人科医が，当時ブルーボーイと呼ばれていた男娼に対して男性から女性への性転換手術を複数回行なっていたことが，旧優生保護法（現母体保護法）第28条に違反すると判断され，東京地方裁判所から罰金刑を言い渡された。その翌年には東京高等裁判所でも控訴が棄却され有罪が確定。以降，身体の性別を変える外科手術は法律違反であるという認識が広まり，性転換手術は長く闇の中のものになった。そして，日本の医学界では埼玉医科大が性同一障害者の治療を公に始めるまで，性転換手術はタブーとなった。

分籍

戸籍を持っている者ならば，20歳以上になれば親から戸籍を分け，独立させることができる。

ヘテロセクシズム *heterosexism*

異性愛を当たり前だと思い，強要する考え方。

ヘテロセクシュアル *heterosexual*

異性愛者。トランスジェンダーで，トランス後の性別とは別の性別の人を性的対象とする人も含まれる。

ベルダーシュ *berdache*

ネイティブ・アメリカンの中のトランスジェンダー。この言葉は，ペルシャ語，アラビア語がイタリア語とフランス語を経て英語になったもの。フランス語と英語における意味は，17，18世紀の北アメリカ先住民族に当てはめたもので，「買われた少年」「男性売春夫」「奴隷」である。これは白人研究者たちによる名付けであり，当事者たちは自称として「two-spirit」という言葉を使っている。

ホモフォビア *homophobia*

同性愛嫌悪。

ポリアモリー *polyamory*

「ポリ」は複数を意味し，「アモール」は愛を意味する。複数の人と性的関係を持つ選択をすること。

ポリガミー *polygamy*

複数の人と関係を持つことが可能な付き合い方。「一対一」＝モノガミーを優先しない関係性。もともとはイスラム教，モルモン教

などの一夫多妻制を表す。

ポリセクシュアル *polysexual*

複数のジェンダー，性的指向の人，女，男，ＦＴＭ，ＭＴＦ，ＦＴＸ，ＭＴＸ，インターセックスなどいろいろな性的対象を持つ人。

ミソジニー *misogyny*

女性嫌悪。女性蔑視。ウーマン・ヘイティングとも言う。

モノガミー *monogamy*

貞操の義務を持つ法律婚を始めとして，一対一の関係に限る付き合い方。

レインボーカラー

虹色。性的少数者といわれる人々のシンボルカラー。

レズ

レズビアンを表す差別語。しかし，当事者が自分で自分のこととして発語する場合もある。

レズビアン *lesbian*

女性同性愛者。元々の女性だけでなく，男性に生まれて現在女として生活しているＭＴＦで，女性が性的に好きな人も含まれる。

レズビアンとバイセクシュアル女性のためのスペース・ＬＯＵＤ

1995年，３人のレズビアンの手によってオープンしたコミュニティスペース。いろんなグループに時間割でスペース貸しをしており，有効な交流の場となっている。
http://www.space-loud.org/loud/

レズビアン・マザー
lesbian mother

レズビアンだが，出産経験があり，母として生きている人。参考）レ・マザーの会
http://www.geocities.co.jp/Milkyway-Sirius/4157/

優生保護法

1948年制定。敗戦後，刑法堕胎罪で禁止されている人工妊娠中絶を合法化するものとして成立したが，バースコントロールを通じた国家の女性の産む産まない権利への介入であるとして問題化されてきた。同様に「優生上の見地から不良な子孫の出生を防止する」ことを明記していることから，心身障害者への差別，強制不妊などが問題視されてきた。また「生殖を不能にすることを目的として手術又はレントゲン照射を行ってはならない」との規定は，性別適合手術などを禁じるものとして機能してきた（ブルーボーイ事件参照）。2001年「母体保護法」に改訂。

養子制度

現在同性婚ができないゲイやレズビアンの中ではパートナーとの関係を確保する一形式。ただし，年齢が一歳でも上の方が親，下の方が子どもという関係になる。

おすすめWEB

大阪で開かれているFTMとFTXの自助グループ

Tジャンクション

http://www.geocities.jp/gotjunction/
gotjunction@msn.com
※2015年現在

エイズ等予防啓発ボランティアグループ

紅紐

chibicko@mac.com
※2015年現在

「じぶんの町で暮らし続けられる」包括的ケアの探求

ダイバーシティ町家

https://machiyazyosanin.wixsite.com/
※2021年現在

OGC（大阪ゲイ・コミュニティ：「Hiro-peeの寝床」に併設）

http://www.hiro-pee.net/
※2015年現在

レズビアンやバイセクシュアルの女性のためのコミュニティ

ＬＯＵＤ

space-loud.com
※2015年現在

ごった煮の映像表現を女性とマイノリティの視点から応援

映像発信てれれ

http://www.terere.jp/
※2015年現在